海上絲綢之路基本文獻叢書

皇明馭倭録（二）

〔明〕王士騏 纂

文物出版社

圖書在版編目（CIP）數據

皇明馭倭録. 二 /（明）王士騏纂. -- 北京 : 文物出版社, 2022.7
（海上絲綢之路基本文獻叢書）
ISBN 978-7-5010-7699-4

Ⅰ. ①皇… Ⅱ. ①王… Ⅲ. ①抗倭鬥爭－史料－中國－明代 Ⅳ. ①K248.205

中國版本圖書館 CIP 數據核字（2022）第 086982 號

海上絲綢之路基本文獻叢書

皇明馭倭録（二）

纂　　者：〔明〕王士騏
策　　劃：盛世博閱（北京）文化有限責任公司

封面設計：鞏榮彪
責任編輯：劉永海
責任印製：張道奇

出版發行：文物出版社
社　　址：北京市東城區東直門内北小街 2 號樓
郵　　編：100007
網　　址：http://www.wenwu.com
經　　銷：新華書店
印　　刷：北京旺都印務有限公司
開　　本：787mm×1092mm　1/16
印　　張：16.375
版　　次：2022 年 7 月第 1 版
印　　次：2022 年 7 月第 1 次印刷
書　　號：ISBN 978-7-5010-7699-4
定　　價：98.00 圓

總緒

海上絲綢之路，一般意義上是指從秦漢至鴉片戰争前中國與世界進行政治、經濟、文化交流的海上通道，主要分爲經由黄海、東海的海路最終抵達日本列島及朝鮮半島的東海航綫和以徐聞、合浦、廣州、泉州爲起點通往東南亞及印度洋地區的南海航綫。

在中國古代文獻中，最早、最詳細記載『海上絲綢之路』航綫的是東漢班固的《漢書·地理志》，詳細記載了西漢黄門譯長率領應募者入海『齎黄金雜繒而往』之事，書中所出現的地理記載與東南亞地區相關，并與實際的地理狀况基本相符。

東漢後，中國進入魏晋南北朝長達三百多年的分裂割據時期，絲路上的交往也走向低谷。這一時期的絲路交往，以法顯的西行最爲著名。法顯作爲從陸路西行到印度，再由海路回國的第一人，根據親身經歷所寫的《佛國記》（又稱《法顯傳》）一書，詳細介紹了古代中亞和印度、巴基斯坦、斯里蘭卡等地的歷史及風土人情，是瞭解和研究海陸絲綢之路的珍貴歷史資料。

隨着隋唐的統一，中國經濟重心的南移，中國與西方交通以海路爲主，海上絲綢之路進入大發展時期。廣州成爲唐朝最大的海外貿易中心，朝廷設立市舶司，專門管理海外貿易。唐代著名的地理學家賈耽（七三〇～八〇五年）的《皇華四達記》記載了從廣州通往阿拉伯地區的海上交通『廣州通夷道』，詳述了從廣州港出發，經越南、馬來半島、蘇門答臘半島至印度、錫蘭，直至波斯灣沿岸各國的航綫及沿途地區的方位、名稱、島礁、山川、民俗等。譯經大師義净西行求法，將沿途見聞寫成著作《大唐西域求法高僧傳》，詳細記載了海上絲綢之路的發展變化，是我們瞭解絲綢之路不可多得的第一手資料。

宋代的造船技術和航海技術顯著提高，指南針廣泛應用於航海，中國商船的遠航能力大大提升。北宋徐兢的《宣和奉使高麗圖經》詳細記述了船舶製造、海洋地理和往來航綫，是研究宋代海外交通史、中朝友好關係史、中朝經濟文化交流史的重要文獻。南宋趙汝適《諸蕃志》記載，南海有五十三個國家和地區與南宋通商貿易，形成了通往日本、高麗、東南亞、印度、波斯、阿拉伯等地的『海上絲綢之路』。宋代爲了加强商貿往來，於北宋神宗元豐三年（一〇八〇年）頒佈了中國歷史上第一部海洋貿易管理條例《廣州市舶條法》，并稱爲宋代貿易管理的制度範本。

元朝在經濟上採用重商主義政策，鼓勵海外貿易，中國與歐洲的聯繫與交往非常頻繁，其中馬可•波羅、伊本•白圖泰等歐洲旅行家來到中國，留下了大量的旅行記，記録元代海上絲綢之路的盛況。元代的汪大淵兩次出海，撰寫出《島夷志略》一書，記録了二百多個國名和地名，其中不少首次見於中國著録，涉及的地理範圍東至菲律賓群島，西至非洲。這些都反映了元朝時中西經濟文化交流的豐富内容。

明、清政府先後多次實施海禁政策，海上絲綢之路的貿易逐漸衰落。但是從明永樂三年至明宣德八年的二十八年裏，鄭和率船隊七下西洋，先後到達的國家多達三十多個，在進行經貿交流的同時，也極大地促進了中外文化的交流，這些都詳見於《西洋蕃國志》《星槎勝覽》《瀛涯勝覽》等典籍中。

關於海上絲綢之路的文獻記述，除上述官員、學者、求法或傳教高僧以及旅行者的著作外，自《漢書》之後，歷代正史大都列有《地理志》《四夷傳》《西域傳》《外國傳》《蠻夷傳》《屬國傳》等篇章，加上唐宋以來衆多的典制類文獻、地方史志文獻，集中反映了歷代王朝對於周邊部族、政權以及西方世界的認識，都是關於海上絲綢之路的原始史料性文獻。

海上絲綢之路概念的形成，經歷了一個演變的過程。十九世紀七十年代德國地理學家費迪南・馮・李希霍芬（Ferdinad Von Richthofen，一八三三～一九〇五），在其《中國：親身旅行和研究成果》第三卷中首次把輸出中國絲綢的東西陸路稱爲『絲綢之路』。有『歐洲漢學泰斗』之稱的法國漢學家沙畹（Édouard Chavannes，一八六五～一九一八），在其一九〇三年著作的《西突厥史料》中提出『絲路有海陸兩道』，蘊涵了海上絲綢之路最初提法。迄今發現最早正式提出『海上絲綢之路』一詞的是日本考古學家三杉隆敏，他在一九六七年出版《中國瓷器之旅：探索海上的絲綢之路》中首次使用『海上絲綢之路』一詞；一九七九年三杉隆敏又出版了《海上絲綢之路》一書，其立意和出發點局限在東西方之間的陶瓷貿易與交流史。

二十世紀八十年代以來，在海外交通史研究中，『海上絲綢之路』一詞逐漸成爲中外學術界廣泛接受的概念。根據姚楠等人研究，饒宗頤先生是華人中最早提出『海上絲綢之路』的人，他的《海道之絲路與昆侖舶》正式提出『海上絲路』的稱謂。選堂先生評價海上絲綢之路是外交、貿易和文化交流作用的通道。此後，大陸學者馮蔚然在一九七八年編寫的《航運史話》中，使用『海上絲綢之路』一詞，這是迄今學界查到的中國大陸最早使用『海上絲綢之路』的人，更多地限於航海活動領域的考察。一九八〇年北京大學陳炎教授提出『海上絲綢之路』研究，并於一九八一年發表《略論海上絲綢之路》一文。他對海上絲綢之路的理解超越以往，且帶有濃厚的愛國主義思想。陳炎教授之後，從事研究海上絲綢之路的學者越來越多，尤其沿海港口城市向聯合國申請海上絲綢之路非物質文化遺産活動，將海上絲綢之路研究推向新高潮。另外，國家把建設『絲綢之路經濟帶』和『二十一世紀海上絲綢之路』作爲對外發展方針，將這一學術課題提升爲國家願景的高度，使海上絲綢之路形成超越學術進入政經層面的熱潮。

與海上絲綢之路學的萬千氣象相對應，海上絲綢之路文獻的整理工作仍顯滯後，遠遠跟不上突飛猛進的研究進展。二〇一八年厦門大學、中山大學等單位聯合發起『海上絲綢之路文獻集成』專案，尚在醞釀當中。我們不揣淺陋，深入調查，廣泛搜集，將有關海上絲綢之路的原始史料文獻和研究文獻，分爲風俗物産、雜史筆記、海防海事、典章檔案等六個類別，彙編成《海上絲綢之路歷史文化叢書》，於二〇二〇年影印出版。此輯面市以來，深受各大圖書館及相關研究者好評。爲讓更多的讀者親近古籍文獻，我們遴選出前編中的菁華，彙編成《海上絲綢之路基本文獻叢書》，以單行本影印出版，以饗讀者，以期爲讀者展現出一幅幅中外經濟文化交流的精美畫卷，爲海上絲綢之路的研究提供歷史借鑒，爲『二十一世紀海上絲綢之路』倡議構想的實踐做好歷史的詮釋和注脚，從而達到『以史爲鑒』『古爲今用』的目的。

凡例

一、本編注重史料的珍稀性，從《海上絲綢之路歷史文化叢書》中遴選出菁華，擬出版百册單行本。

二、本編所選之文獻，其編纂的年代下限至一九四九年。

三、本編排序無嚴格定式，所選之文獻篇幅以二百餘頁爲宜，以便讀者閱讀使用。

四、本編所選文獻，每種前皆注明版本、著者。

五、本編文獻皆爲影印，原始文本掃描之後經過修復處理，仍存原式，少數文獻由於原始底本欠佳，略有模糊之處，不影響閱讀使用。

六、本編原始底本非一時一地之出版物，原書裝幀、開本多有不同，本書彙編之後，統一爲十六開右翻本。

目録

皇明馭倭録（二）

皇明馭倭録（二）

卷五至卷六

〔明〕王士騏 纂

明萬曆刻本

皇明馭倭録卷之五

兵部車駕清吏司主事臣王士騏纂

嘉靖二年

禮部覆日本夷人宋素卿來朝勘合乃

孝廟時所降其

武廟時勘合稱爲宗設奪去恐其言未可信不宜容其入朝但二夷相殺釁起宗設而宋素卿之黨被殺甚衆雖素卿以華從夷事在幼年而長知効順巳蒙

武宗宥免毋容再問惟令鎮巡等官省諭宋素卿回

國移咨國王令其查明勘合自行究治待當貢之
年奏請議處既而給事中張翀御史熊蘭等言各
夷懷奸讐殺事干犯順乞明正其罪
上命繫宋素卿及宗設夷黨于獄待報論決仍令鎮
巡官詳鞫各夷情僞以聞
朝鮮國俘獲倭夷二名審係進貢至浙自相搆殺
拒敵官兵者國王李懌遣陪臣刑曹參判成洗昌
執以來獻幷倭人首級三十三顆及送回被虜中
國人八名
上嘉其忠順命寫勅褒諭賜銀百兩錦四段紵絲十

二表裏使臣及領兵官俱賞銀幣有差
兵科給事中夏言等言頃者倭夷入貢肆行叛逆
地方各官先事不能勤捕而前後章奏言辭多遁
功罪未明該部按據來文遷就議擬雖云行勘亦
主故常乞勅風力近臣重行覆勘且寧波係倭夷
入貢之路法制具存尚且敗事其諸沿海備倭衙
門廢弛可知宜令所遣官由山東循維楊歷淅閩
以及于廣會同巡撫逐一按視預爲區畫其倭夷
應否通貢絶約事宜乞下廷臣集議得旨差風力
給事中一員往其餘事宜兵部議處以聞及遣給

事中劉穆往按其事
日本國夷人宗設謙導賫方物來貢已而瑞佐宋
素卿等復至俱泊浙之寧波互爭真僞佐被設寺
殺死素卿竄慈谿放火大掠殺擄指揮劉錦袁[illegible]
蹂躪寧紹間遂奪船出海去巡按御史以聞得旨
切責巡視守巡等官先事不能預防臨事不能擒
勦姑奪俸令鎮巡官即督所屬調兵追捕并核失
事情罪以聞其入貢當否事宜下禮部議報
嘉靖四年
初浙江鄞縣民宋縞潛入日本更名宋素卿謀貢

射利後復與倭夷宗設等爭貢相讐殺寧紹騷動
守臣以聞查勘久未明遣給事中劉穆監察御史
王道往鞫之至是以獄上刑部覆奏得旨素卿謀
叛夷人中林望古多羅等故殺素卿夷伴俱宜論
死其防禦失事官員各謫戍奪俸有差素卿家屬
財產應否緣坐沒入再查議報奪
遣琉球夷人等日本夷僧妙賀等各歸國勑諭日
本國王以宋素卿中林等究叛就戮妙賀等無罪
以禮遣還其元惡宗設及佐謀倡亂數人亟捕繫
傳送中國以聽

天討餘並罔治虜去人民仍優卹送歸不者將閉絕
貢路徐議征討時有琉球貢使鄭繩歸即令齎勅
轉諭之
嘉靖六年
浙江道巡按御史楊彝言舊例日本入貢以十年
爲期徒衆不得過百人貢船不得過三隻亦不許
以兵仗自隨正德六年以後使臣桂悟宗設等各
從衆至五六百人又有副使宋素卿等一百五十
人各詰真僞爭端滋起請令布政司移咨本國令
後遣使入貢務遵定例如違定行阻回仍行巡海

備倭諸臣脩戰具謹烽堠嚴譏察以戒不虞報可

嘉靖十八年

日本國王源義晴遣使來貢先是嘉靖二年日本使臣宗設等入貢比歸肆掠虜中國吏民以去自此絶不通貢者十有七年至是復脩貢浙鎮巡官以聞

上曰夷性多譎不可輕信所在巡按御史督同三司官嚴加詳審果係効順如例起送仍嚴禁所在居民無私與交通以滋禍亂餘如所擬

嘉靖十九年

日本王源義晴差正副使碩鼎等來朝貢馬及獻方物宴賞如例又加賜國王王妃使臣方物各給以價初日本自嘉靖二年用宋素卿宗設等事絕其朝貢至是復請通貢因乞給賜嘉靖新勘合及歸素卿等并原貨物言官論其不可

上命禮部會兵刑二部都察院僉議以聞覆言夷情譎詐難信勘合令將舊給繳完始易以新素卿等罪惡深重貨物已經入官俱不宜許以後貢朝定以十年夷使不過百名貢船不過三隻違者阻回督遣使者歸國仍飭沿海備倭衙門嚴為之備詔

從之

嘉靖二十七年

日本國貢使周良等六百餘人駕海舟百餘艘入浙江界求詣闕朝貢巡撫朱紈以聞禮部言倭夷入貢舊例以十年爲期來者無得踰百人舟無得過三艘乃良等先期求貢舟人皆數倍于前蟠結海濵情實叵測但其表詞恭順且去貢期不遠若槩加拒絶則航海重譯之勞可憫若猥務含容則宗設宋素卿之事可鑒宜令紈循十八年例起送五十人赴京餘者留嘉賓館量加賞犒省令回國

至于互市防守事宜俟聽斟酌處置務期上遵國法下得夷情以永弭邊釁報可

勑浙江既設巡撫都御史兼管福建海道提督軍務以朱紈爲之乃御史周亮給事中葉鏜先後俱言不便亮謂紈原係浙江巡撫所兼轄者止於福建海防今每事欲制諸司往來奔命大爲民擾鏜謂紈以一人兼二省非獨閩中供應不便即如近日倭夷入貢艤舟浙江海口而紈方在福建督捕惠安等縣流賊彼此交急簡書押至紈一身奔命已不能及矣今閩浙既設有海道專管苟得其人

自不必用都御史若不得已不如两省各設一員
吏部覆言浙江舊無巡撫或遇有警遣重臣巡視
事寧即止今宜裁革巡撫而復巡視舊例
上曰浙江巡撫去歲無故添設一時諸臣依違議覆
以致政體紛更今依擬朱紈仍巡視事竣回京凡
一切政務巡按御史如舊規行

嘉靖二十八年

巡視浙福右副都御史朱紈奏二十七年三月日
本使周良等至寧波賓館有爲匿名書投館中稱
天子命都御史起兵誅使臣可先發夜殺都御史

署府事推官張德熹知之乃不以告臣臣常斬賊張珠珠德熹叔也凡報福賊死者德熹施與殮之御史周亮奏革臣巡撫浙福之命者又德熹鄉人疑德熹搆其事且臣整頓海防稍有次第而周亮乃欲侵削臣權謂一御史按之有餘以致屬吏遂不效命願陛下察臣先後奏詞非有私挾追究德熹等窩賊倡亂背公撓私廢壞紀綱詐傳詔旨扇惑夷情謀殺撫臣事情明正其罪奏入部下巡按御史會同三司驗實奏聞

巡視浙江都御史朱紈疏報詔安之捷因言閩賊
蟠結已深成擒之後姦徒劫齒變且不測臣訊得所
俘僞千總李光頭等九十六人交通內應即以便
宜檄都指揮盧鏜海道副使柯喬斬之部臣請下
巡按勘覆巳御史陳九德劾紈不俟奏覆擅專刑
戮請治其罪並鏜及喬等詔兵部會三法司雜
議言紈原奉敕許以便宜行事顧賊擒于二月奏
發于三月似非臨陣者比宜俟得旨行刑鏜喬皆
不得爲無過然事難遙度請遣風力憲臣往驗其
事得旨令給事中一員會巡按御史覈實具報沿

海居民亟令所司安輯毋致殃及無辜紈罷職待勘鏜喬等下所遣官訊之已乃遣兵科給事中杜汝禎往勘

日本國王源義晴差正使周良等來朝貢方物賜宴賚有差以白金錦幣報其王及妃初日本入貢卒以十年爲期載在會典嘉靖二年宋素卿宗設爭貢相仇殺因不與通十八年復來求貢納之因與約以後入貢舟無過三艘夷使無過百人送五十京師至是良等不及貢期以六百人來凡駕四艘部議非正額者皆罷遣之而浙江巡撫朱紈力

陳不便狀禮部欲賞其百人如例非正額者皆罷勿賞良因自陳貢舟高大勢須五百人中國商船入夷中往往嵗匿海島爲寇故增一艘者護貢舟也非敢故違明制禮部不得已請百人之外各量加賞犒百人之制彼國勢難遵行請相其貢舟斟酌之又日本故有弘治正德入貢勘合幾二百道夷使前入貢時奏乞嘉靖勘合朝廷令以故勘合納還始予新者至是良等持弘治勘合十五道言其余七十五道爲宋素卿子宋一所盜捕之不得正德勘合五十道爲信以待新者而以四十道來

還禮部覆覈其薄藉脫落故勘合多未繳請勿予
新者今與時入貢持所留正道勘合四十道但存
十道爲信始以新者予之而來一所盜責令捕索
以狀報可
以肅寺亡
初巡視浙福右副都御史朱紈既報浯嶼擒獲夷
王之使隨奉夷患率中國並海居民爲之前後勾
引則有若長嶼喇噠林恭等往來接濟則有若大
擔嶼姦民姚先瑞等無慮百十餘人今欲遏止將
來之患必須引繩排根永絕禍本乞下法司議所
以正典憲威奸慝者紈尋去任都察院議下巡按

福建御史轉行巡視海道都司等官緝捕前項奸徒并土豪爲淵藪者悉正以法至于見獲佛郎機國法仍移檄各處有能捕魁惡者重賞首改自新者聽免本罪且浙福海患相沿出此入彼宜令兩省諸臣一體會議施行報可按海上之事初起于內地奸商汪直徐海等常闌出中國財物與番客市易皆主于餘姚謝氏久之謝氏頗抑勒其值諸奸索之急謝氏度負多不能償則以言恐之曰吾將首汝於官諸奸旣恨且懼乃糾合徒黨番客夜刼謝氏火其居殺男女數人大掠而去縣官倉惶

申聞上司云倭賊入寇巡撫統下令捕賊甚急又令並海居民有素與番人通者皆得自首及相告言于是人心洶洶轉相告引或誣良善而諸奸畏官兵搜捕亦遂勾引島夷及海中巨盜所在刼掠乘汛登岸動以倭賊爲名其實眞倭無幾是時海上承平日久人不知兵一聞賊至即各鳥獸竄室廬爲空官兵禦之望風奔潰蔓延及于閩海浙直之間調兵增餉海内騷動朝廷爲之旰食如此六七年至于竭東南之力僅乃勝之盖患之所從起者微矣

嘉靖二十九年

詔逮巡視浙福都御史朱紈至京訊鞫下福建都司都指揮僉事盧鏜海道副使柯喬獄論死先是紈奏海夷佛郎機國人行刼至漳州界官軍迎擊之扵走馬溪生擒得賊首李光頭等九十六人已遵便宜斬首訖下兵部請俟覈實論功會御史陳九德疏論紈專殺濫及不辜法司覆請遣官會勘

上從之遂革紈職命兵科都給事中杜汝禎往至是汝禎及御史陳宗夔勘上前賊乃滿剌伽國番人

每歲私招沿海無賴之徒往年海中販鬻番貨未
嘗有僭號流劫之事二十七年復至漳州月港浯
嶼等處各地方官當其入港既不能羈留人貨疏
聞廟堂反受其私賂縱容停泊使內地奸徒交通
無忌及事機彰露乃始狼狽追逐以致各番拒捕
殺人有傷國體其後諸賊已擒又不分番民首從
擅自行誅使無辜並爲魚肉誠有如九德所言者
紈既身負大罪反騰疏告捷而鏜喬復相與佐之
法當首論其冒功坐視諸臣通判翁燦指揮李希
賢等罪次之指揮僉事汪有臨知府盧璧參政汪

大衆皷次之祁摘番人方叔擺等四名當處死余佛南波　等五十一名當安置見存通番奸徒當如例發配發遣於是兵部三發司再覆如汝稹等言紈鏜喬遂得罪翁燦等下巡按御史提問汪有臨等奪俸有差紈爲人精廉勇於任事開府閩浙首嚴通番之禁海中爲之肅清走馬溪之役雖張皇太過然勘官務入其罪功過未明紈竟坐憂恐未就訊伏藥而死公論惜之

按都御史朱紈潔廉任怨誠吾郡之巨擘第走馬溪之役畢竟爲盧鏜所誤一時斬決悉皆滿剌伽

國之商船與閩中自來接濟諸人非寇也陳御史九德之劾疏杜紹事汝稹之招擬鑿鑿可証豈書阿私閩人乎國史謂紈張皇太過又謂功過未明尚非曲筆他書謂閩中貴臣相吮紈不休而陰迫之死則多影響之談而不察于事理者矣紈謂去海中之盜易去中國之盜難去中國之盜易去中國衣冠之盜難其言得無少過乎以吳人而爲閩人辨敢自附于直筆

籌海圖編紀浙江倭變云嘉靖十九年賊首李光頭許棟引倭聚双嶼港爲巢二十七年四月都御

史朱公紈遣都指揮盧鏜副使魏恭等擣双屿港賊巢平之賊首李光頭就擒今按實録云紈奏海夷佛郎機國人行刼至漳州界官軍迎擊之于走馬溪生擒得賊首李光頭等九十六人一李光頭也紈謂擒于閩之走馬溪而籌海圖編以爲擒于浙之双屿港紈謂佛郎機國人行刼而籌海圖編直以爲倭黨以柯喬爲魏恭借閩事爲浙事在嘉靖二十七年耳目較近而謬悠若此野史可信乎至于杜給事之行勘而所謂佛郎機國者實則滿剌伽國之畨人然則在紈之疏已自失其眞矣

鏜等之擬死亦自有以取之似非勘官之故入也
林給事招擬參照福建都司統兵署都指揮僉事
盧鏜行同鬼魅言尢足以飾姦性若豺狼術偏長
於濟惡走馬溪豈用武之地妄云與賊百戰對陣
生擒玄鍾所非行刑之場敢先斬首數人專權濫
殺林以正勾夷窓釁法固難容而裂屍剖心是何
刑罰李勝銮依父取銀罪不至死而總角梟首曾
不哀矜王娘仔因一拜而傷生陳惟愛取片言而
處決　旗牌来至難諉咎於軍門威福自專致效
尢於海道會審方纔數刻梟斬将及百人黷貨賣

功何異穿窬之事飾詞報捷全無側隱之心捏稱
破虜擒王希欲封侯拜將欺
君枉下處死何疑福建按察司廵海道副使柯喬表
則不端弛張無紀初失身於曾武舉將何詞以禦
番繼黨惡於盧都司敢作威而行殺罰弗及嗣尋
父者豈忍加刑罪疑惟輕當椒者詎應處斬夷人
抱狀伸訴輒將別犯酷刑打死謂其教唆家屬引
領稱寃先令官司密切訪拿脅以連坐勒知府補
改文案而狡獪日彰捏僞呈扇動人心而姦欺太
甚分贓私於捕盜猥同鼠竊狗偷求引援於軍門

陞比壟登墦乞挾才僨事負
國殃民比擬上刑情法亦麗再照原任廵視浙江兼
管沿海福建地方提督軍務都察院右副都御史
今革職回籍聽勘朱紈褊急無慱大之體周章乏
暇裕之謀敢於任怨而忤人不顧忍心以害物兵
戎重務偏聽姦回每中其如鬼如蜮之計軍法太
權假借群小甘蹈乎自專自用之愆遂使行貨番
商滿載資餘盡爲貪饕攘匿卒致同舟黨類未招
情實悉被殘横誅夷沙塲之冤鬼猶啼海徼之怨
聲肆集刻薄太甚酷暴居多雖平生頗勵清苦之

操在此舉難逃擅専之罪見任漳州府知府盧璧
柔懦從人遲回将事財識每踈於應變規模左局
於泥常罪犯情詞初審巳分乎首從死生界限臨
刑無益於重輕雖殘横挽不可回亦逡巡救不能
力牒神未免迂闊擊皷終是糊塗大事如斯小庶
奚取以上法宜併究
盧璧先將佛南波二者幷李貴等一干人犯譯
審出年籍來歷幷鍾應林欽沛接濟與方叔擺
打傷鎗船等情及審開李貴李文瑞俱係賊首
陳大省等幷馬學仔陳才郭明俱係賊從及於

各名下開寫年籍并投跟番船緣由又番陳弟
仔開係去船尋父謝成仔被許伯爾拐賣蔡弘
戒被林三田引上番船當椒李弘宥林富二陳
栢林觀林能金念三林錫林志王儀蔡全蔡世
文李智鄭詔林齊莊孫各同父兄當領番貨未
還願爲水手裁縫趙希春被曾乾大帶上番船
買賣并阿三各年止十七八歲又番陳喬清李
來成阿郎王祥葉清弟林克泰張三娘朱洒娘
李三娘二妹朱三主楊三姐李金李氏蔡范娘
須四奴曾光珠俱係番船買討等項大畧情節

開具揭帖二本於本月十三日呈報鏜與柯喬
彼時該府並未取供亦無各番與李貴等爲盜
情節原揭帖底稿見在續後盧鏜與柯喬開門
定擬李貴等應斬情罪會同發案盧璧奉到前
案見有謝成仔陳弟仔李弘宥等各姓名俱在
斬首數内伊却畏懼鏜與柯喬氣勢不合不行
極力救阻止具牒告城隍以明心迹就於十六
日黎明時分聽從取出李貴等九十六名俱押
赴教場監視行刑間鏜與柯喬點檢各犯思前
盧璧揭帖内開稱年幼并當貨人犯情罪稍輕

方欲寫牌弔審分付暫且停刑比因劊子手俱係捕兵支數望見傳牌喧嚷疑是催斬當將謝成仔李弘宥等與同李貴等九十六名一齊斬首連陣獲并前斬林以正流哥阿彌等及郭門陳才各屍首亦斬取分發沿海地方梟示訖本月十七日盧璧思伊先日已稟柯喬准將謝成仔等饒免却又與鐘竟擬處决心有不安當赴柯喬衙門前擊鼓開門進入稟問緣由柯喬無可奈何回稱也是他的命等語柯喬思得斬過前項各犯原無取供在卷伊又不合分付盧璧

補取供詞及令牽擒鏜前單開別案番賊赤鬚矮鬼等緣由添入供內又將稿內馬學仔改作李文瑞姓名勒令盧壁那移日期僉作十二日立案通行呈報見有柯喬原改底稿執証柯喬又思李弘宥陳弟仔等止接濟當貨尋父等項罪不至死一槩斬首恐後查出有罪要得改案遮飾又不合另寫會案一張內將李弘宥林富二陳栢林覩林能金念三林錫林志王儀李智鄭詔林齊莊孫添挸各將人口軍器下海走泄官兵消息爲內應與蔡全蔡世文陳弟仔謝成

仔俱駕船劫虜拒殺官兵情俱真的坐擬謀叛
及強盜得財並無虧枉等情重覆發與盧壁又
不合依聽附卷換出原案見在爲証
續吳先賢讃云紈命督將鏜按察柯喬於閩偕
出洋中跡賊至詔安之靈宮澳合諸軍設覆山
上下千舸具進賊徒兵伏敗之趨船者疾力鏖
之覆溺殺者甚衆擒夷王三人白番十有六黑
番四十六皆獰惡異狀可駭賊首貴等一百十
二人婦二十九斬級三十餘他貲械等稱是皆
五澳宿賊驍黠者并殲焉及坐究之貴王妻妾等

漳人大恐有盡室浮海者日走徃聚觀諸俘偶語籍籍踰時乃定捷聞則與連者無所釋憾反疏言其擅殺作威紈罷而諸出死力殺賊者皆召令對簿譴責之矣

按野史載此事大都過情而續吳先賢讚爲尤甚蓋是謏墓中語誤信而採之耳耳目所及已尚如此况千百年事哉甚哉執筆之難也

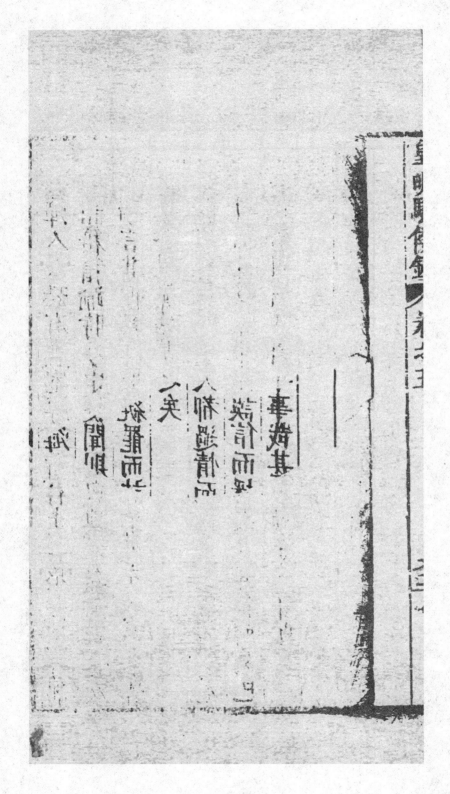

嘉靖三十一年

漳泉海賊勾引倭萬餘人駕船千艘自浙江舟山象山等處登岸流刼台溫寧紹諸府攻陷城寨殺擄居民無數

浙江巡按御史林應箕奏四月中倭寇焚刼地方狀因參署海道副使李文進分巡副使史谷嶠僉事李廷松分守參議李寵顧問備倭把總等官周應禎周奎楊材等各失事當治給由海道副使丁湛新推備倭都指揮張鉄皆臨難規避宜並罰于是給事中王國禎御史朱瑞登交章言海洋不靖

由朱紈得罪後裁革巡視都御史故三省軍民無
鈐轄雖設有海道副使而權輕不行事往往至于
狼狽失職如丁堪李文進等已事可驗請復設都
御史便疏下吏兵二部覆議國禎等言是但巡視
都御史必當無假以巡撫總督之權使之節制諸
省方可責其成功其閩浙兩省仍各添設叅將一
員駐劄邊海地方庶文武各有專職緩急無患
上從其議暫設巡視浙江兼管福興漳泉提督軍務
大臣一員令吏部推堪任者星馳赴任督兵勦賊
其兼管巡撫等項待賊平議處叅將准添設丁湛

罷爲民以李文進代之張鈇革回原衛以周應禎代之仍各同李寵顧問谷嶠李廷松周奎楊材等任俸戴罪殺賊林應箕擅准專敕官給由離任令奪俸三月

改巡撫山東都察院右僉都御史王忬提督軍務巡視浙江兼管福興泉漳地方仍敕許便宜調發兵粮臨陣按軍法從事巡按御史毋得干預掣阻賊中有脅從願降者不得一槩混殺濫及無辜于是並設分守參將各一員以瓊崖參將署都指揮僉事俞大猷中都留守司管操指揮僉事湯克寬

爲之大猷温台寧紹等處克寬福興泉漳等處俱
聽愕節制
廵按浙江御史林應箕奏報海賊攻破黄巖縣治
并叅論失事所由曰浙江寧紹台温地濵大海寔
倭夷入貢之途盜賊出沒之藪國初建衛所四十
有一設戰船四百三十有九董以總督備倭都司
廵視海道副使等官控制番夷至爲周密後以海
波不驚戒備漸弛伍籍日虛樓櫓朽弊一遇有警
輒借漁船應敵號曰私哨而官船廢矣憲請二十
七年間都御史朱紈議招福清捕盜船隻勦治有

劾因量留福船四十餘隻予行粮使分派海濱當川防守其台州海門衛者寔黄巖之外障故以福船十有四隻守之節年所憑恃者此耳近日海警益數而海道副使丁湛反將福船盡数遣歸其原設官船壊缺又漫不料理乃仍雇募漁船以資哨守兵非慣戰船非專業聞警輙逃全不足恃以至群盜鼓行而入攻爕縣治若蹈無人境耳所擬今日黄巖失事之誅湛當首坐其總督備倭都司周應禎把總指揮劉堂黄岩知縣髙材或身爲主師或身任專城遇敵胥奔法當重治至于守巡各道

副使李文進等及知府馬鍾英等亦宜各以輕重抵罰䟽下部覆得旨應禎堂材各革職湛先已爲民仍與應禎等俱下按臣逮問文進等與鍾英仍

知前旨住俸勦賊

福建条將湯克寬請募徐郅盜爲兵兵部覆自古亦有舉士於群盜者且克寬父慶嘗用之破江洋賊有效可許從之

按募盜爲兵非法也而建白又自条將乃兵部覆行之是時猶重武臣若在今日兵部必不覆即覆之而臺省且有言矣

浙江巡按御史林應箕以海寇未靖奏免寧台温
三府及象山定海等縣正官入覲許之
初給事林懋舉御史王民皆言南京浦子口宜設
戰船習水戰以備不虞南京兵部尚書屠楷等言
留都長江天塹南有新江口營統水卒以扼江洋
之險比有浦子口營統陸卒以遏淮鳳之衝至嚴
也今浦子口軍不滿三千不能當江口之十而水
戰又非所長不若量増選卒置之江口而于浦口
沿江増墩臺十座選軍二百人守之長江寇來陸
軍恊力拒戰絕其登岸之謀比岸有警水軍沿江

應援斷其入江之路庶爲長便兵部覆當如擬等
言報可
嘉靖三十二年
巡視浙福都御史王忬奏海防賞格四事一擒斬
眞倭從賊一人賞銀十五兩次從賊首二十五兩
渠魁五十兩若漢人被擄者照依流賊事理不許
混作倭賊一擒斬漳冦海冦爲從者賞銀三兩次
劇賊首五兩船主渠魁二十兩會首爲衆所服者
五十兩其奪獲賊艘大者五兩中者二兩小者一
兩俘獲男婦每五名賞銀一兩若誅戮所獲首功

及邀殺來降者治如律一善用火器擊殺舵工賊首令其引遁及擊破寇舟于未接之先者大舟賞銀二十两次者十两小者五两若有獻奇取捷𢾰亢擣虚者雖無斬獲並以功論一臨陣被創者給銀一两被殺者給銀五两復其家有先登陣而死者給銀二十两若哨守官督戰沒于陣者臨時酌請恤典兵部覆如其言報可

倭夷犯温州叅將湯克寬等率舟師破之俘十一人斬獲二十八級餘多死于水者巡視都御史王忬以聞并上克寛等功詔賞忬白金三十两彩段

二表裏充寬等各二十兩一表裏餘行巡按御史
覈實以賞
黜原任福建按察司巡海副使柯喬爲民以捕獲
沿海導番奸人不候命輒斬之故也
海賊汪直糾漳廣群盜勾集各島倭大舉入寇連
艦百餘艘蔽海而至南自台寧嘉湖以及蘇松至
于淮北濱海數千里同時告警
賊攻破浙江昌國衛屯據凡五日參將俞大猷以
舟師攻之始去
巡視浙福都御史王忬條上海防事宜一禁近海

豪民通引倭夷以絶禍本二照各邊例惟以奮勇血戰爲功不以損傷折軍爲罪三選調閩浙兵相兼操習以資防禦四通行兩廣南直隷巡撫操江官遠行哨探分布兵船彼此夾攻五兩省守巡兵備官查照原定地方常川駐劄以便責成六寛禁令以開自新如脇從賊犯准令投首積年渠魁亦聽歸降七閩浙魚船量議收稅漳州橋房拖欠稅課及查理塩課事宜以助軍餉八瀕海頑民接濟夷寇及走漏消息者乞以正犯處之極刑全家發邊衞充軍部覆俱從之

浙江舟師破賊於松門港把總夏光等擒賊四十四人斬首二十九級

海寇犯太倉州攻城不克分衆四掠燒燬關廟公私廬舍是時有失舟倭四十人突至浙江乍浦所往來平湖海鹽海寧之地縱横肆掠焚戮慘虐官兵前後遇之皆敗凡殺把總一指揮四千戶一百戶六縣丞一所傷軍兵與虜數百人凡十六日竟徜徉奪舟而去

海倭破上海縣其酋據官衙號令賊衆分劫街市

倭攻吳淞所南滙所俱破之屠掠極慘分掠江陰

江北倭掠海州殺二百餘人

倭賊五百餘人攻破浙江臨山衛乘勝西犯松陽知縣羅拱宸督處州兵禦却之賊浮海走叅將俞大猷以舟師邀擊斬首六十九級

倭攻福寧州秦嶼所破之大掠而去

倭圍叅將湯克寬叅政潘恩僉事婁廷顯于海鹽環四門攻之不克縱火焚城樓及民屋數百間而去

倭寇復入上海縣燒刼縣市知縣喻顯科逃匿指揮武尚文與戰縣街中不勝尚文及縣丞宋鰲俱

被殺賊屯縣中凡七日縱火焚官民廬舍而去縣衙及倉厫俱燬

倭攻浙江乍浦所陷之知縣羅拱辰督兵來援倭引去流刼奉化寧化等地叅將湯克寛追圍于獨山民家以火爇之賊半死餘衆奪道走遯于海

添設金山叅將一員分守直隸蘇松等處海防備倭從巡撫鳳陽都御史連鑛奏也

南京兵科給事中賀涇奏上年海寇突犯浙東未遭挫衂今歳勾煽醜類連艘内訌以浙省防禦漸寇乃沿守寳山窺蘇湖等郡據海爲險乘風肆虐

況留都根本重地寔與海洋容邇其鎮江京口爲
江淮之咽喉瓜埠儀真又漕運之門戶今賊勢猖
獗防制疎畧萬一黠寇匪茹橫掠而西將致根本
震動運道艱阻爲患非淺尠也矧今西北疲于邊
烽而瘡痍未蘇中原困於饑饉而萑苻不靖其財
賦供億所仰給者惟東南數郡已爾而復被寇燹
若此真可寒心臣考嘉靖八年十九等年皆因海
寇竊發添設總兵官駐劄鎮江事平而罷今宜查
遵其例仍設此官俾整飭上下江洋總制淮海并
轄蘇松諸郡庶事權歸一軍威嚴重而緩急有攸

賴矣南京廣西道御史汪克用亦以爲言兵部覆總兵官如議添設令駐劄金山衛節制將領鎮守沿海地方調募江南北徐邳等處官民兵以充戰守其操江都御史勑內未載海防并當增易

上命暫設副總兵一員提督海防應用兵粮巡撫并操江官協議以聞操江都御史勑書不必更換餘如所議已乃命分守福興漳泉參將湯克寬充海防副總兵提督金山等處

巡撫應天都御史彭黯巡按御史陶承學等言倭勢日熾非江南脆弱之兵承平紈袴之將所可辦

者請以得便宜調山東福建等處勁兵及勅巡視
浙江都御史王忬督發兵船犄角攻勦疏下兵部
覆山東陸兵不閑水鬬福建海滄月港亦在戒嚴
豈能分兵外援宜令黲等就近調處州坑兵一二
千名仍隨宜募所屬濵海郡縣義勇鄉夫分布防
禦并請命王忬互相應援其應用兵船粮餉器械
火藥許徵發在所支用南京署兵部事尚書孫應
奎亦言倭夷刼掠瀕近留都沿江津隘已議調官
軍防守應用甲仗粮芻乞命南京戶工二部給發
上俱允之

巡撫應天都御史彭黯巡視浙江都御史王忬各以倭寇出境浮海東遯來聞倭自閏三月中登岸至六月中始旋留內地凡三月若太倉海鹽嘉定諸州縣金山青山錢倉諸衛所皆被焚掠上海縣昌國衛南滙吳淞乍浦蹇嶼諸所皆爲所攻陷崇明華亭青浦象山嘉興平湖海寧臨海黃岩慈谿山陰會稽餘姚等縣鄉鎮焚蕩畧盡百年所稱江南繁盛安樂之區騷然多故矣

增設浙西杭加湖參將一員分守其地以福建行都司署都指揮僉事張鐘充之復於三府增兵備

副使一員以常州府知府陳宗夔陞任

兵科都給事中王國禎等言邇者海氛弗靖臣等目覩彼中當事諸臣及南京府部科道章奏凡夷寇交驀之由群凶狡譎之態黨與分布之廣城池失陷之多官民屠戮之慘與夫兵將柔脆之實國賦虧之之虞

祖宗根本重地驚惶震撼之情臣等深切殷憂周爰咨度采所以裨廟議銷後患謹列三事幸命籌國計者擇爲一明委任機不並操權無兩在海防要害以一重臣任之足矣乃命操江與巡撫協同行

事平居既苦于牽制臨事又易于推諉非計之得也宜稽往牒相時宜酌定歸一以專任而責成之便且近日登萊亦傳倭警凡濵海郡國將來恐俱不免其山東遼東巡撫亦乞賜以專勑俾理海防今亟于先事圖之一重事權昨歲因黄巖之破復設巡視浙江都御史惟是經理海上事宜諸凡黜陟臧否之權一切不與是以錢粮出納動支爲難司府奉行多見窒碍有如都御史王忬所陳者亦何以展其猷爲責之底績哉請如各省例更爲巡撫浙江兼理海防職銜更勑賜之其福興漳泉等

府軍務仍令提督如故一獎才傑訪得寇入之初
凡守土諸臣莫不心喪膽落狼奔鼠竄而松陽知
縣羅拱辰六合知縣董邦政乃能手握孤軍深入
重地獨當勍敵立有戰功即其忠勇一節寔超恒
品乞不拘資格量陞濵海地方一官俾得展竟底
裏爲一方保障疏下吏兵部議覆海防宜屬之應
天府巡撫巡視浙江都御史宜改勑加撫衘其浙
省錢粮原屬應天巡撫者當仍其舊勿易拱辰邦
政請加以按察司僉事職衘仍各随原任地方巡
撫就近委用得旨王忬令提督軍務兼巡撫浙江

并福興泉漳地方應天鳳陽山東遼東巡撫都御
史以本職兼理海防各别給勑書行事羅拱辰董
邦政添註浙江按察司僉事餘如擬行
應天巡按御史陶承學蘇松巡按孫愼以倭寇既
遯詳覈地方失事顛末因分别諸臣功罪以聞謂
備倭都指揮王世科兵備副使吳相知府熊桴知
縣喻顯科指揮張弓等各有地方專責寇至不能
禦當罪原任都指揮韓璽等守備解明道太倉州
判官金汝舟等各有率兵追勦擒獲焚溺之功當
録得旨相停俸戴罪管事世科并弓桴等撫按臣

提問具奏

巡按御史趙炳然録上倭犯浙江地方失事諸臣

罪狀謂叅將湯克寬俞大猷海道副使李文進俱

有斬寇功可贖分守叅政顧中孚分巡僉事李廷

松知府劉慤梅守德功不掩罪備倭都指揮王欽

月輪把總指揮張瓚知縣林大梁而下百八十八

人俱僨事當問死事指揮陳善道采練滿朝把總

馬呈圖及千百戶典史等官一十九人宜卹録詔

克寬姑宥不問大猷奪俸與文進俱戴罪勦賊中

孚慤等各奪俸二月欽瓚大梁等付按臣逮問具

奏咨道等今有司立祠致祭陣亡被兵者賑恤之
南直隸巡撫都御史彭黯巡按御史孫慎給事中
王國禎南京給事中張承憲南京御史趙宸宋賢
先後各上禦倭方畧黯慎言三事一南滙所吳淞
江劉家河鎮江宜增置把總四員防守一調太倉
鎮海二衛中所官軍移駐吳淞一土民有擒斬獲
功者授之職銜仍復其家國禎言七事一固民心
凡急用軍需悉聽動支在庫無碍官銀不得徵派
小民其宜布德意招集流亡諭安遷徙優恤蠲賑
等項亟議施行一廣責成督率沿海鄉民團結訓

練約束策應應設敵樓柵欄墻垣壕塹量力修築務足防禦一議添設杭嘉二府添設守備一員屬金山副總節制備倭都司駐劄定海兼轄定海海寧二把總屯兵控禦一選將材不分見任閑任職任崇卑如果智勇出群開奏實蹟以憑推用一精簡練通查正餘軍丁定爲二等以備戰守各責副總兵叅將依法訓練不時試閱一重賞罰查照先年擒斬倭賊流賊事例定爲賞格准與陞級不顧者給賞船主渠魁另行超格議處一寬法禁除通番大船及販易接濟應禁外其捕魚樵採無碍海

防者編立號驗放出入承憲六事一調募援兵水陸夾勦一申飭賞罰恪軍法以作用命一立保甲法團結鄉民協力戰守一正將領有司失事罪及賑恤死于兵者一朝鮮貢使至日賜勅令宣諭日本國王數以縱惡冦邊之罪一招撫歸正以散黨與宸言六事一宜行浙直福建撫按官嚴督有司建立城垣順民舉事務堪保障一宜行各府州縣隨宜招募使人自為戰家自為守如果殺賊有功照官軍陞賞一各該官軍嚴加選汰將精壯充役令統領人員用心操練多方點驗及嚴更賣放

後占之弊一倭寇狡猾慣善操舟我兵乘勝長驅
深入海洋恐墮其計不宜窮追一江北之兵不習
舟楫不宜暑濕勞師費財顧彼失此務求長策以
俾實用不得槩調一處造戰艦及連珠鳥嘴火銃
之類操演習熟以備攻擊賢言五事一直隸金山
衛近設副總兵一員統領之一錢塘江口宜增置
守備一捍海塘宜增築高峻樁植荆棘列兵防守
一募土人習水者爲篙師有力者爲戰卒仍調温
處坑兵或山東長鎗手有警則隨機策應無事則
分投教習一兩浙蘇松防守漸嚴寇必蔓及兩淮

山東宜各行備禦兵部議覆
上多采行之
陞直隸蘇州府同知任環爲整飭蘇松兵備山東
按察司僉事
總理粮儲巡府應天侍郎彭黯以江南連年倭寇
兵餉不給乞暫留布疋船料事例折銀民壯弓兵
銀以濟軍餉又言太倉上海嘉定被患特甚宜破
格優恤撫屬兊軍粮米每于年終徵完俟兊而運
船多至次年三四月始至水次時海潮風訊事變
可虞乞勑漕運都御史將減存未運見在粮船先

撥于上海嘉定崑山海塩常熟江陰册徒諸處于
年終兑載章下户部言布疋船料事例折粮銀皆
内府太倉急需非所敢議惟去年巡按御史徐洛
藉報蘇松常鎮四府實在銀二十八萬両有奇可
備軍餉其優恤太倉嘉定上海及漕運兑載事宜
請如賑議報可

倭賊百餘由華亭縣漴鈌登岸流刼咸本涇金山
衛等處自六月終大舉倭東遯江南稍寧惟崇明
南沙泊失風倭幾三百人舟壊不能去總兵湯克
寛僉事任環列兵守之日久未克至是倭警又作

遠近震恐
總兵湯克寬督邳漳等兵擊南沙倭敗績亡卒四
百餘人
巡撫浙江都御史王忬言官兵追逐倭夷焚毀五
十餘艘擒斬七百餘人海警暫息乞復叅將俞大
猷副使李文進谷嶠叅議顧問僉事李廷松所停
俸許之
漴缺倭移舟泊寶山總兵湯克寬引舟師追擊之
及于高家嘴燬其舟斬首七十三生擒十四人
倭三百餘人突犯上海縣太倉州等處復突犯常

熟縣福山港知縣王鈇率民兵禦之倭乃引去
巡按山東御史馮蕙言山東衛所官軍設于濟兗
東三省者以爲內地之防設于青登萊三府者以
備倭寇之擾自永樂初輪班調發京操而有司怠
玩軍粮不足脫逃數多顧覔充數班操之缺如故
今沿海一帶倭寇登岸乞將青登萊三府官軍留
備倭寇濟兗東三府照舊輪班仍要清粮餉以足
軍食嚴勾補以充軍伍兵部覆議從之
有倭舟失風飄至興化府南日舊寨登岸流刼殺
千戶葉巨卿把總指揮張棟督舟師衛擊倭走據

山知府董士弘糾民兵獵戶與棟等合勢剿賊殲之是時海洋並岸諸島多栖寇舟有真倭因風汛不獲歸者有沿海奸民搶江南旋候來歲倭至者未幾南日寨復有三舟登岸棟士弘擊之引去擒賊數人皆真倭比泉州舟兵巡海攻賊于石圳灣深泥湾等處凡再戰擒賊四十餘人則皆浙江臨海福建漳浦廣東揭楊等縣人盖江南海警倭居十三而中國叛逆居十七也

前犯常熟倭復由上海七灶洪登岸流刼三林莊南滙所吳淞江所及嘉定縣地方至十九日始去

應天巡撫都御史彭黯巡按御史孫愼以蘇松常
鎮四府近遭倭患居民流徙請蠲太倉州京庫銀
三萬六千二百兩有奇嘉定縣京庫銀八千九百
兩有奇上海縣京倉銀五萬八千九百兩其餘四
府所屬州縣積逋二十七年至三十一年錢粮皆
停徵又言南方衛所沿邊者戍腹裡者運制也自
邇年以松江所運船二十隻改派金山衛及青南
二所代運腹裡互失其職宜復舊制章下戶部議
京庫銀不敢議免其積逋錢粮自光祿寺物料并
三十一年以前布疋外皆可緩徵運船舊制宜改

復如黯等言報可

巡按直隸御史孫愼勘報倭夷殺掠吳淞嘉定諸處論巡撫彭黯叅政翁大立六合知縣董邦政副總兵湯克寬指揮劉重光不能防禦乞正其罪戰亡鎮撫胡賢重傷指揮黎鵬舉並宜優恤得旨倭奴侵擾諸臣督守無策黯停俸四月大立二月邦政等姑宥之克寬停俸戴罪殺賊立功餘從所議

嘉靖三十三年

倭寇自太倉南沙潰圍出海轉掠蘇松各州縣時賊聚南沙五月餘官軍列艦于海口圍之數重不

能破軍中多疾疫乃佯棄敝舟以遺之開壁西南
阨賊遂得出
應天巡撫都御史彭黯以倭患孔棘請令蘇松常
鎮四府得納承差如各省例并催闗門商稅留三
十一年以前應解本色布銀以充軍費從之
兵部覆原任巡撫應天都御史彭黯奏去年九月
倭賊流刼華亭南沙上海吳淞江等處諸守臣功
罪狀初賊入副總兵湯克寬兵備僉事任環松江
府同知都文奎等迎戰皆不利後克寬追賊于寶
山破之環等各嚴兵自守雖無斬獲功境内以全

罪亦有可宥者

上是之命赦環文奎等罪各策勵供職克寬功罪俟

覈勘議處

巡按直隸御史孫愼劾奏新陞南京工部尚書應

天巡撫彭黯身居重任不能出死力以扞地方乃

縱賊盤據南沙柱門高卧臣屢趣之進兵黯不得

已一至太倉散千金以募勇士日給廩餼所糜又

以千計曾一矢未發倭已退還南京矣未幾而工

部尚書命下黯遂封其印綬寄之應天府一切軍

務俱置不理夫新巡撫之聞喪黯知之矣而諸賊

縱横出沒百姓寄命于刀槊者急諸倒懸水火也
黷不念職守不候交代樂于脫一已之患害而恐
茫視百姓之魚肉使諸賊偵知調度無人東馳西
突殺掠不可勝計乞重治以警人臣偷安避事者
疏入
上怒命錦衣衛械繫至京鞫問之尋黜爲民
改南京兵部右侍郎屠大山爲兵部右侍郎兼都
察院右僉都御史總理粮儲提督軍務兼巡撫應
天刱吏部請以江西右布政方任代應天巡撫彭
黯未至以憂去復以江西左布政陳洙代之會黯

被劾得罪

上命再推忠謹堪任者以聞大學士嚴嵩言洙已陞

任

上曰卿謂代黷有人不知其人才猷能勝黷否且今

地方危急一日不容縱賊又恐其人遠不能猝至

柰何卿可同吏部尚書默詳議之默因言蘇松巡

撫所轄十二府州地遠不便無轄況當軍興之際

調兵轉餉難責一人請添設提督軍務大臣一員

責之勦賊而令巡撫洙專督糧餉

上曰總督與巡撫並設未知當否其再會同兵部詳

議以聞于是默等退復與兵部諸臣計之皆言兵
粮兩分行事未便不若依近年浙江添設提督軍
務都御史例令提督巡撫合爲一人庶責任專而
績效可勉其都御史洙暫令回籍候補
上以爲然因改大山于應天巡撫兼提督自大山始
以南直隸太倉州上海華亭二縣被兵准改徵兑
運米折色有差
巡撫浙江兼管福興泉漳都御史王忬以三十二
年九月後倭寇二次犯興化府日南舊寨及十一
月後泉州府兵出洋勦殺石圳澳深泥湾等處賊

船事聞因叙上諸文武將吏功罪謂興化知府董士弘泉州知府童漢臣保障有功當旌獎把總指揮張棟先敗後功俱宜准贖千戶葉巨卿百戶張養正死事宜恤録得旨棟赦勿問士弘漢臣俱賚以銀幣巨卿養正下撫臣優卹

論南沙縱賊罪狀浙江提督海防副總兵湯克寬備倭都指揮梁鳳職俱令戴罪立功以通泰參將解仁道代克寬福建備倭都指揮盧鏜代鳳劾賊自南沙出海轉掠嘉定上海間克寬等莫敢前但伺賊入海則督陸兵登岸則督水兵故與賊相左

以觀望塞責于是巡按御史孫愼奏請逮治
上以用人之際姑薄罰之
停分理蘇松等處海防浙江按察司僉事董邦政
俸令其戴罪殺賊坐擅離信地致賊猖獗爲巡按
御史孫愼所劾也
詔福建巡按御史逮備倭都指揮張輝至京問停
分守嘉杭參將張淙俸戴罪殺賊俱坐陞任回籍
爲巡撫王忬所劾也
南直隷續至倭寇二千餘人自南沙登岸分掠蘇
松諸處參將湯克寛帥兵擊敗之于採淘港斬首

百八十級
蘇松倭寇掠民舟入海趨江北岸薄通泰等城焚
掠各鹽場餘衆有漂入青徐界者山東遼東俱震
參將俞大猷督兵勦普陀山倭寇我軍半登賊突
出乘之殺武舉火斌等三百餘人
遼東巡撫都御史江東以倭寇蔓延青齊間逼隣
金州條上海防八事一金州通山東海運舊設守
備防倭成化中始易以備禦緩急不足恃請仍設
守備轄金陵二衛專理海防一金州海島民居稠
密宜委官分詣其地編立保甲俾自爲守一僉陵

等衛黃骨島等堡士馬久缺乞酌量衝緩隨宜增補一造小船分布各島口以便傳報一衛葺沿海諸路堡臺以便守瞭一選編腹裏各衛城堡及四方屯居流民壯丁委官督操以倡勇敢一嚴禁商賈私販木植下海者恐爲倭鄉導一擬應援兵馬如金州有警則令海蓋參將督兵往援其遼陽廣寧錦義總兵參守等官各相機策應有逗遛者罪之一金陵海蓋歲比不登無若重役逃亡者多宜下所司撫䘏兵部覆可從之

勑御史趙宸以閩浙倭亂奏專設一巡撫于福建

詔下吏兵二部會議至是覆言閩兵習戰乃浙江
外倭須撫臣無制乃便策應比因都御史王忬巡
歷福建而浙江偶有瀝海之失議者遂謂遥制之
難殊不知福建雖患倭未如浙之甚第今海道諸
臣得人任此有餘若復設巡撫則漳泉兵力獨有
所屬浙不得調用文之又將議設總督閩盐多事
矣
上是部議
浙江倭急自海塩趨嘉興參將盧鏜等帥兵禦之
稍却次日復戰于孟宗堰伏發殺官軍四百人溺

死五百人都司周應楨指揮李元律千戶薛綱朱
應瀾等俱死之賊乘勝入據石墩山分兵四掠
倭寇攻嘉善縣陷之盡焚沿河運船
倭寇攻嘉興府城副使陳宗夔帥兵禦却之焚其
舟賊遁入乍浦與長沙灣寇合犯海寧諸縣
揚州衛千戶洪岱中所千戶文昌齡泰州所千戶
王烈督兵援通州至西門外三里橋與賊戰死之
浙江倭寇自嘉興東掠入海至崇明縣夜襲破其
城知縣唐一岑死之
南京兵部尚書張經等言國初洪武間以倭夷不

靖遣信國公湯和經畧海防凡閩浙濱海之區陸有城守水有戰船故百餘年來寇不爲害其後法弛獘生軍士有納料放班之說于是強富者散遣老弱者哨守戰船損壞亦棄不脩以致寇得乘之而入請行各處巡撫嚴督所屬預集兵船以守要害追補納料軍士以實行伍清理積歲料銀以造戰船又言南京營卒逃故數多邇來倭寇震隣防守缺人乞將各衛所原報冊籍凡義男女壻有名者一體選收入伍待事寧之日去畱再議仍請代支兵部草場銀及南京戶部粮草折銀共二萬兩

委官于京城内外及宿𨛦等處招募驍勇充爲前
鋒召原任指揮韓璽路正督操以備征調下兵部
議覆從之
兵部覆巡按直隷御史孫愼言浙江江北諸郡倭
患方殷蘇松二三月間所在告急皆經畧失人軍
令不嚴所致乞勅巡撫屠大山收召忠勇之士申
明誤軍之罰仍榜諭沿海居民有能奮勇殺賊者
如軍功陞賞所得倭器悉以與之計擒首賊者許
奏陞指揮僉事世襲一切軍費悉從便宜區處督
粮叅政翁大立無令往來蘇松賞鎮催納粮餉有

事專任松江以便調度詔以其議屬大山舉行仍
趣令赴任不許遲緩
倭寇自崇明進薄蘇州府城大掠
倭入崇德縣大掠而去
詔發南京户部銀二萬兩爲蘇松備兵費
給事中王國禎賀涇御史温景葵等以倭寇猖獗
逼近畱都各上疏乞調兵給餉及推選總督大臣
重其事權如往年征勦華林麻陽諸寇故事下兵
部集廷臣議俱稱便因薦南京兵部尚書張經堪
任總督調兵當遣御史及本部司官各一齎太倉

銀六萬両往山東調發奏留民兵一枝及青州等處水陸搶手共千人人給軍裝銀十両令叅將李逢時許國督赴楊州聽經調度給餉當取之南京戶部銀五十両臨德二倉銀五萬両及截留起運米二十三萬石其紀功責之各巡按御史賞格與功同凡斬首一級者擬陞一級不願陞者賞銀一百両有能擒斬首惡王直等者授世襲指揮僉事如直等悔罪能率衆來降亦如之其部下量授世襲千戶等官俱填註備倭職事議入

上允行之乃命經不妨原務無都察院右都御史總

督南直隸浙江山東兩廣福建等處軍務一應兵食俱聽其便宜處分臨陣之際不用命者武官都指揮以下文官五品以下許以軍法從事

江北倭寇攻如皋縣不克

巡按浙江御史趙炳然奏三月三十日以後官軍禦倭失事狀部覆參將俞大猷一敗於普陀山參將盧鏜及把總丁僅等再敗於孟家堰宜重治其嘉湖諸處失事當坐參將張淙鄧植及知府劉懿使陳宗夔李文進謝少南李廷松宴廷順等罪而督撫王忬調度失策亦宜重罰陣亡指揮李元律

等宜陞級贈官立祠如例得旨卹録死等官軍依
擬王忬姑令竭力平寇以靖地方盧鏜等俱戴罪
立功
遣福建道御史温景葵兵部主事張四知往山東
募兵禦倭
兵科給事中王國禎等言比部議上禦倭方畧以
重賞招降賊首汪直等臣竊疑之臣聞勝國末海
濵多警東南巨寇有秩至漕運萬户及行省參政
者且叛服不常迄終無救何者其心不服而爵禄
不足以歆之也故至今議者以招撫最爲誤國殷

鑒具存柰何復欲效之今四方群盜所在蜂起皆幸朝廷不誅無所創艾就使部議得行降一汪直未必不生一汪直將來貽患更有不可言者且古帝王所謂招撫不過曰脇從罔治耳渠魁未當宥之也使渠魁來歸既宥之復賞以爵是賞以勸惡人誰不為夫使吾民皆趨為惡之利非國家之福也疏下兵部覆言海嶼賊與山賊異山賊有定勦可以遣將出師攻而取之海嶼賊乘風飄忽瞬息千里急則遯去乘間則復來有非兵力大用

革通番入海既而悔之嘉靖二十九年八月中嘗

爲官軍捕斬海寇陳嶼王等及餘黨二三百人欲以自贖而是時有司不急報之遂貽今日大害故臣等欲倣岳飛官楊幺黨黄佐故事懸以重賞使之歸爲我用以賊攻賊非敢輕授官爵以示之弱也

上竟從國禎等言令總兵張經一意勦賊脅從願降者待以不死賊首不赦

漕運侍郎鄭曉奏臣伏見倭寇類多中國人其間有勇力知謀可用者每苦資身無策遂甘心從賊爲之嚮導此非包荒含垢早圖區處必爲腹心憂

今議者一曰復市舶便一曰嚴誅勦便夫諸路軍
威未振群賊懲創未深即復市舶恐非國家禦夷
之體倭奴所殘既皆我良善官兵所殺又多我逋
逃必嚴誅勦亦非所以仰承朝廷好生之德臣欲
愚乞
聖明廣收武勇申命各撫按等官于軍民白衣人中
每歲查舉素有膂力膽畧智謀者十數人以義勇
名色月給粮米一石令其無事率人捕盜有事領
兵殺賊立有功勞量議官職奏請陞授若從文階
則授試巡檢武階則授試所鎮撫但許捕盜殺賊

不得經收錢粮接理詞訟仍照文武官員事例考
察考選有犯者依律問罪如此則片善寸長皆霑
手食暴夫悍卒漸受條籠不惟中國之人不爲賊
用異日且有將材出于其間其在今從賊者特揭
榜諭許令歸降遣還故土有擒斬賊徒者如例給
賞才力可用願報効者委用別地立功贖罪俟有
勞績亦與叙遷不然恐數年後或有如盧循孫恩
黄巢王仙芝者蓋至滋蔓難撲滅矣臣又聞洪武
中倭奴數寇東南傍海州縣是時浙江一省既遣
信國公湯和築城又遣魏國公徐輝祖江陰侯吳

高練兵又遣都督商暠楊文劉德出戰又遣都督於顯出海巡倭此皆上公元侯謀臣宿將尤且遲之數年未得寧息復遣南雄侯趙庸招撫沿海漁丁島人鹽徒蛋戶籍爲水軍至數萬人又遣萊州府同知趙秩禮部員外呂淵宣諭倭奴迫至洪武二十五年以後海夷始靖則凡自今可以解散賊徒者固宜勅下兵部亟爲議處不得泄泄然付之無何而已疏下部覆議請以其奏下總督張經酌宜行之報可

福建官兵捕得漳州通倭賊蘇老三十餘人誅之

倭寇由吳江轉掠嘉興署都指揮僉事夏光督兵禦之背王江涇而陣賊衆甚鼓譟而前我兵大潰光急入舟中流矢溺死

上諭吏部曰朕聞大同邊務壞甚巡撫官必須得人方濟緩急可陞王忬右副都御史巡撫大同兼贊理軍務時忬方巡撫浙福吏部因請陞徐州兵備副使李天寵爲都察院右僉都御史代忬報可

廣東番賊糾倭寇千餘勦掠海上官軍擊敗之擒賊首方四溪等餘黨遁去

蘇州倭寇流劫至嘉善縣轉趨松江出海參將俞

大猷等敗之於吳淞所擒七人斬首二十三級
官兵敗倭于礁南海中焚其舟生擒十三人斬首
十八級
從總督張經言起原任貴州總兵白泫及廣西都
司都指揮鄒繼芳俱充遊擊將軍往田州歸順南
丹東蘭那地調狼兵五千人各帥至浙直禦倭
南京太僕寺卿章煥言比者江南之變起于內地
奸民利賊重貨爲之鄉道而我兵倉卒無備徒手
搏戰于溝塍沮洳之鄉故每出輒敗夫兵者因地
形者也今六七郡間千村百落皆爲戰場敵形至

難制也而郡縣且相率閉城使各鄉兵當賊左矣
爲今之計莫若急築城堡于諸鄉以固守併力于
郡縣以待戰郡縣有備則賊不敢散掠而諆沮諸
鄉堅守則兵不必偏分而力裕是謂人自爲戰家
自爲守小入則其地當之大入則併兵禦之中道
則設伏擊之出海則舟師邀之功決可次第而成
昔
皇祖嘗命湯和視海上擇要地築數十城以備倭而
東南安堵此其驗也又今所患不在無兵而在于
兵之不畏將新設軍門止以空文遥制數千里外

如兒戲耳故其法莫如重將重將當自軍門始使
叅佐偏裨一稟約束而後兵可使亂可定也夫西
北諸邊一切軍食皆有司先期部署以聽督撫之
調度故其精神聯貫如臂使指猝緩急可咄嗟而
辦今政體不素定而郡縣之與督撫相視如客主
臨變則上官漫督之而主者亦漫應之軍情之苦
樂不體官帑之出入無稽或一人兼數人之食或
數日無一餐之飽或一家而數役追之或一人而
數官臨之是目睫間已成吳越況百里之外哉故
欲决勝先定政體凡軍門必以賞功之費一寸會

計所出貯之別蔵使軍門不以煩有司有司不以
煩民上下相體遠近相維則萬全術也臣又聞訓
練之兵萬人一心弱可使強強可使馴今議者率
稱調兵非久計也少發之則不足多發則用度不
繼久駐則老師費財暫駐則兵散而寇復入急之
則怨寛之則驕而爲亂臣愚謂訓練土兵漸罷客
兵便若土兵必不足宜募廣西湖廣山東近海之
丁壯及有罪謫發者居之海壖及諸河道通海之
地給配偶予田宅使之土著而忘其鄉是城堡之
外益以藩籬計無便此者臣又聞外賊易見内賊

難知今以海外蠻夷而深入內境凡我動靜曲折無不知者誰爲之也又其始至千人四布無一知者及鳴號而須臾畢集賊固善匿匿之誰也此東南之大變皆奸民醸之也夫奸不可以刑治治外賊以兵內賊以誠有如今之郡縣得人如龔遂者示寬大布恩信問疾苦時拊循彼反側者將反本而呼天何變之能生且天下寧獨倭夷可爲亂哉夫海上多壯士善者負氣任俠而不肯下人否者憑恃險阻而恣睢暴戾我能制之則爲我用不能制之則爲賊用故安反側收豪傑乃治亂之機不

可深思不可不預待疏入兵部覆其言是請下督

臣張經採行詔可

倭寇由上海黄浦逸出攻松江府官兵追戰敗績

縣丞劉東陽死之

贈故崇明知縣唐一岑爲光禄寺寺丞立祠祀之

併廕其子爲國子生初崇明新城成一塊計徙居

而本所守城千戶高才翟欽者阻之未幾倭寇突

入舊城一岑且戰且罵諸將梗議誤事者遂爲亂

軍所害以陣亡計于撫按官久之其事始露士人

至今以各官軍佚罰爲恨云

按知縣唐一岑本爲亂軍所害而籌海圖編云賊夜襲破縣城知縣唐一岑者與之巷戰身被数刄猶力戰賊敗出城一岑傷重而死居二日賊復至據縣城諸耆民相與謀曰唐父母被害而吾輩乃容賊盤據吾縣耶於是相與僇力爲死鬬賊二百人皆就滅此蓋有意譏之不然亂軍故當誅而一岑之卹典亦似過矣

倭寇自嘉興還屯絲綢港柘林等處進薄嘉定縣城會募兵參將李逄時許國以山東長槍手六千人至與賊遇于新涇橋逄時率其麾下先進敗之

賊退據羅店鎮官軍追及之擒斬八十餘人
山東兵復進擊倭寇至採淘港乘勝深入伏起我
兵大潰溺水死者千人指揮劉勇等死之初浙涇
之捷李逢時功最許國恨逢時與之同事不先約
已乃別從間道襲賊欲以分逢時功會暮大雨劉
勇等兵先陷沒諸軍繼之皆倉卒不整遂大敗
世廟識餘録云按是時總督尚書張經自駐常州
府而遣兩叅將勦倭已兩大不相制而贊畫者為
南京兵部主事譚綸盛唐權不足以攝兩叅將任
其爭功喜殺每日率諸長鎗手出城揚兵則斬民

間禿者報捷于是知縣楊且哭訴之督粮叅政翁
大立大立言之贊畫主事綸等謬辭之曰兵氣欲
揚公柰何阻之也大立咈然起曰凡人一念是可
以動天感神一念差可以覆宗絕嗣公等爲民勦
賊乃殺民當功耶綸等竟不聽而益縱長鎗手恣
意騷擾奪民居棲宿即米鹽醬醋之類俱被掠盡
民甚苦之大立乃促之出兵兵行羅店鎮俄而雨
大至或勸之收兵兩叅將徑督之而前始至採淘
港不見一倭惟倭船數隻泊港而皆以絮被蒙之
長鎗手彎弓亂射終不動比過午海潮巳上諸港

倭漫賊十六人忽于蘆葦中躍出橫刀滾入吾陣長鎗手突亂盡棄鎗走臨港不得渡則自相殺或溺死凡死者三千餘人國史止據邸報書之而云是役擒斬八十餘人疑當時張經之誑奏如此即所謂斬民間禿者首耳實未嘗獲一眞倭也且出兵遇雨兵書所謂沭屍雨也而贊畫者昧而無忌安得不敗乎尚書徐學謨

南京兵科給事中賀涇奏應天巡撫都御史屠大山衰病不堪重寄乞諭令大山自圖進退或暫予告歸別選大臣忠壯有心計者代之部覆請詔許

大山回籍仍令巡按御史勘其有無托疾狀以聞
奪浙江備倭署都指揮僉事芦鏜職戴罪殺賊坐
赴任稽遲故也
追贈王江涇死事指揮夏光爲都指揮同知立祠
祀之子孫陞賞職一級世襲
以浙江兵荒暫停今年照刷文卷
以倭亂罷浙江今年歲貢魚鮮
浙江巡按御史趙炳然類奏四月内兩浙官兵于
石墩等處先後擒斬倭寇二百餘人乞録原任叅
將盧鏜都指揮劉思至指揮劉隆張四維及聽勘

指揮潘閂副使李文進陳宗夔功治失事領兵僉事羅拱辰備倭把總周光瀚崇明知縣蔡本端罪而陞贈陣亡都指揮周應禎百戶梁瑜趙軒朱璽等卹兵部覆請從之因言石墩久爲賊巢乞加賑卹得旨文進等各賚銀幣閂復原職拱辰策勵光瀚等下御史問餘悉如擬

兵部覆浙江巡撫都御史王忬言嘉善崇德桐鄉德清慈谿諸縣濵海無城及兩浙西關廂嘉興東北關廂皆當預築城堡以屛郡治第公私告匱貲無所出惟辨復監生生員吏農及贖罪充軍罪犯

宜暫破常格令其納贖庶可少濟公家之急又言
浙西叅將張淙病怯不堪任乞以戴罪副總兵湯
克寬代之
上曰充軍不准納贖先年已有旨餘議允行克寬失
事罪重姑令充爲事官分守杭嘉地方戴罪剿賊
刑部主事郭仁以賊首汪直挾倭奴亂海上引
祖宗諭三佛齋故事請勑令朝鮮宣諭日本國章下
兵部覆言宣諭乃國體所關最宜慎重盖倭寇方
得志恣肆比之往者益爲猖獗恐未可以言語化
誨懷服也若猾夏之罪未懲而綏以撫諭非所以

蓄威糾虔之黨未得而責以歛戢非所以崇體列
今簡將練兵皆有次第待其畏威悔罪然後
皇上擴天地之仁頒恩諭以容其更生未為晚也且
祖宗時三佛齊止因阻絶商旅非有倭奴匪茹之罪
朝鮮國近上表獻俘心存敵愾如復令其轉行宣
諭恐亦非其心矣臣竊以為不便
上從部議
詔停徵蘇松常鎮四府租一年以被倭故也
論五月中倭寇犯蘇州崑山等縣諸臣失事罪令
原任副總兵解明道指揮張成已等各戴罪殺賊

奪僉事任環知府林懋舉同知張子璣等俸一月
陞死事百户劉愛臣等子孫及一級世襲
巡按浙江御史趙炳然劾上三十二年倭賊攻陷
昌國臨山等衛及乍浦所城各官功罪兵部覆議
以把總指揮王應麟等五員守備不設論斬張四
維策應後期及朱朝臣等八員不能協守罪發遣
而四維後有斬獲宜令立功自贖陣亡指揮陳善
道千户李茂等宜陞襲有功叅將俞大猷副使李
文進都指揮張鈇等宜録用詔俱如議
南京兵部尚書張經以倭寇充斥議留折兌運糧

借用両淮塩銀蘇州府滸墅鈔關船料後湖贓罰十萬両充兵餉戸部覆太倉等州縣漕糧改折如留已爲破格若併折色而盡留之漕規廢壞何所紀極宜止以太倉州三十二年秋粮折充銀三萬五千有奇華亭縣三萬六千有奇共抵作原議聴留蘇松常鎮四府三十三年兌運秋粮并派剩銀両之數存留充餉後湖紙贖可以其半與之報可

論六月至七月浙江官軍禦倭功賞浙江巡撫都御史王忬銀三十両綵幣三表裏宥參將俞大猷参政譚少南等罪復原任都指揮僉事張鈇職大

猷仍同指揮任錦各賞銀幣劾大猷以普陀之敗
戴罪殺賊欽被論革任少南與副使陳宗夔李文
進順李廷松知府劉慤俱坐失事待罪至是悍類
奏首功以張老等之擒歸功張欽以吳淞所之捷
歸俞大猷以長礁南之捷歸任錦因請爲少南等
贖罪兵部覆悍有經畧功故賞之

倭寇七十餘人犯海門縣焚舟登岸淮陽兵備副
使張景賢亟引兵禦之戰于呂場盡殲其衆

兵部覆論三月至五月通州如皋等處官兵禦倭
功罪以儀真守備張壽松及提督掘港指揮張明

化等臨敵畏避下巡按御史問以如皐縣知縣陳
雍守城有功陞俸二級賞徐州兵備副使李天寵
通泰參將梅希孔等銀幣及卹録百戸高時義勇
官沙子現等各有差
倭寇犯海門徤跳所等處
命錦衣衛械繫原任應天巡撫屠大山參將許國
李逢時副總兵解明道至京訊治先是棶淘港之
役坐兩將不相能各兵趨利不止故垂成而敗時
明道督水兵泊海口坐視不救大山方稱疾不視
事至是御史張師价以敗書聞請治大山國逢明

道各失事罪總督張経因論山東監軍參政許大倫副使周臣紀律不嚴亦宜量罰于是大山逮至黜爲民明道等坐失律罪斬大倫臣降三級邊方用

倭寇犯松江青村所等處官兵禦之不克

倭寇自枳林分掠嘉湖二府都指揮劉恩至逆戰一千嘉興縣却之

增造南京新江子兵船二百艘先是新江口額設船四百艘以操江都御史潘珍奏減其半至是魏國公徐鵬舉以海寇繹騷請改沙船增復舊額從

之
命改浙江嘉善縣兑米三萬五千餘石以賊焚運
船故也
兵科都給事中李用敬論劾總督南京兵部尚書
張經縱賊誤國四事其一受命半載一切軍情利
害不聞奏報其二山東兵至不量客主勞佚之勢
而輕于一戰爲賊所掩其三兵敗之後不即席藁
引罪而隱匿至二月餘其四以墳墓在閩恐爲諸
寇齮齕不敢盡力驅勦疏下吏兵二部覆議經奏
調廣西土兵與湖廣民兵未入境而山東兵先至

氣銳一時狃于小勝致墮賊計其取敗有因非經
失但經本以南京參贊之職節制東兵內外掣肘
不便行事乞量改一官令其專以平倭爲務其參
贊之任另選一人代之則內外均有責成非獨處
經實以重留都也
上是其議命改經爲右都御史兼兵部右侍郎專一
總督軍務剋期平賊不許怠悞以南京吏部尚書
周延代經爲兵部尚書參贊機務
浙江續至倭寇萬餘入分掠樂清黃巖東陽永康
等縣

復失事金山等處備倭官署都指揮僉事盧鏜原職充分守浙江寧紹台溫地方叅將戴罪殺賊

倭寇三千餘人由金山突至西海口登岸分掠

命浙江都司僉書署都指揮僉事劉恩至充金山等處備倭官無捕鹽徒盜賊

倭賊攻嘉興府東關官兵拒走之

追録澉浦港陣亡指揮劉勇千戸孫升胡應麒鎮撫李繼孜義勇官徐恭各陞襲贈級命有司立祠如例并䘏其從軍死事者家叅政許大倫副使周臣免降謫各奪俸半年時李逢時等既得罪兵部

復言大倫等皆山東監軍官原無地方之責獨都
指揮盧鏜僉事任環當坐而鏜已戴罪殺賊環歷
戰有功四臣俱在應議之例乞姑貰其罪而卹録
死事諸臣又言禦倭之法惟戰與守然必守定始
可議戰民聚始可議守據險始可聚民今當事諸
臣苟且目前未有為公家長慮者各郡邑一值賊
至計無所出獨擁孤城以待調兵至耳今東兵既
挫復調廣西武昌等兵征調愈多則民愈困賊愈
不止乞勅守臣講求據險聚民之策招集崇明等
縣沙船練習水戰毋専恃調兵得旨島夷肆掠地

方實由逆徒勾引各有司未能多方擒捕以至猖
獗日乂蘇松府衛州縣諸掌印捕盜官俱當逮問
以時方用人且俱令停俸戴罪立功自贖沙船付
任環招集督令殺賊其贈卹死事官兵俱如擬大
倫等姑奪俸留用
以三十三年倭寇犯太平縣及瀝海所等處官兵
擒斬有功賞台州知府宋治銀十两陞太平知縣
方幹俸一級原任指揮孫敖叙用千户張應奎等
三員陞襲贈職俱如例
倭寇犯松江青村所等處官兵禦之不克

巡按直隸御史孫愼勘蘇松禦倭文武官功罪得
旨令備倭署都指揮同知王世科如原擬處決指
揮使時奬等發遣知縣萬思謙等准以功贖仍奪
俸一年知州熊桴知縣喩顯科降邊方雜職以兵
備僉事任環身親戰陣斬獲功多陞右參政兼副
使兵備如故原任操江都御史蔡克廉都指揮韓
璽復勘無罪准遇缺推用原任浙江巡撫都御史
王忬見任操江都御史　褒善巡江御史汪克用
調度有功各賞銀幣有差其督糧參政翁大立命
裁革赴部別用

覆諭三十二年普陀山斬獲倭寇功給賞浙江都指揮劉恩至及福建泉州衛百户鄧成等有差

詔遣戶募山東禦倭兵還自採淘港之敗東兵遂不振會王將李逢時等被逮皆欝欝思歸稍自引去總督張經請下有司追捕兵部言此輩俱係北土烏合之兵驅之蘇松水澤之地固非甚宜今不如悉放遣之詔可

命調永順宣慰司彭藎臣各帥所部土兵三千人前赴蘇松勦賊先是總督張經議調廣西狼兵及湖廣民兵尚未至而蘇松自十月後新倭繼至者又

萬餘人経至是告急因後以調兵請許之

以蘇州被倭令滸墅鈔關稅折色一年

兵部覆巡按直隸御史徐紳三議一議簡兵謂適者京營既冗而又增募至四萬人中間多老弱冒替者宜精簡而時練之厚以衣糧俟秋防有警量遣征戍一議備倭謂倭賊嘗以設伏取勝不繫兵衆寡今蘇松常三郡民兵軍餘及諸路所調者殆四五萬衆而兵多無制何以克敵請自今嚴行守臣簡練本處壯快沙民使之人自爲戰因汰去客兵之無用者其供億諸費或以應天徽寧太池廬

州安慶滁和廣德等府州所屬民壯弓兵于十分之内其六存留守禦其四暫免應役每名輸工食銀七兩二錢給軍或以南京兵部積貯船料銀暫借二十萬兩俟事寧漸次補償一議備邊謂比歳霪雨爲災各邊塞垣傾圮亟宜脩葺而司計告匱請以山東河南兩班民兵汰去一班但留三千壯者入衛其餘每名徵其派工食銀三十六兩輸以備邊仍將徐邳入衛民兵一體折徵暫行二年得旨允行南京兵部銀准借十萬兩各處民壯弓兵令提編三十五年折銀紳原擬之數其餘均徭不

分銀力二差俱納銀一兩送各軍門充餉
詔原任貴州總兵沈希儀松潘副總兵何卿亟帥家
丁赴蘇松軍門候用
改浙江分巡領兵僉事羅拱辰爲寧紹台三府兵
備專住紹興從巡按御史趙炳然奏也
兵部覆上總督張經條陳一查復備倭舊政言國
初備倭之法久不備其最急者在勾補逃軍乞即
于見在數内選取趫健餘丁習水戰者各令收伍
食粮一總會水戰兵船言倭寇入擾其船必由海
洋其來必由浙東請合浙之東西江之南北各把

總兵船爲一體每總以其半爲遊兵半爲守兵倘賊入本總則併力截殺入他總則守兵爲守信地而遊兵務令追捕與他總互相策應其浙江之視蘇松江南之視江北亦如之有自分彼此縱賊深入者查所從來治罪一編立本地主兵言諸路調兵勞費不貲而吳浙閒耆民沙民塩徒礦徒類皆可用請于各府所屬州縣二百里以上者編兵三百名二百里以下者二百名或均徭編派或各里朋出銀兵一名定銀十二兩如自有丁壯鄉民准其應役否則徵銀募兵一議設海防職守言吳松

江口及黃浦一帶皆通海要路兵船既設統領無人請于蘇松各增設同知一員而以水利通判併入巡鹽其兵青村所福山港亦各設把總一員守之

一議置遊兵防護言比歲倭賊焚燒糧船數多乞動支南京戶部募兵銀兩遣官于徐邳間召募驍勇一千五百人付將官周于德領之俾其沿河哨獲

一築立衝要城堡言瓜州京口乃留都屏障宜于對峙之處創建城郭備置水關俾運道悉由中行及浙之北關松之浦東亦各築二堡屯兵戍守其經費下守臣酌議

一申明賞罰條格言我兵禦

敵有陸戰水戰生擒奪回之異賊兵臨我有夥賊零賊從賊首惡之殊宜各分別行賞統領官亦各照部下功罪以爲賞罰其賊俘繫獄者亟赴守巡官會訊處决毋容久繫以防内變詔允行

兵部尚書聶豹等言國家財賦大半仰給東南比者倭寇作難調兵選將設官增備三年于兹始設提督于浙江等處繼加提督于蘇松巡撫又設總督無理將官自副叅守把而下增置二十餘員調募客兵近自徐邳山東遠至廣西湖廣所費各不下巨萬又起原任總兵沈希儀何卿各帶家丁打

手一十自是大兵肆集賊有期顧在督撫諸臣協謀共濟耳臣聞禦夷之道守備爲先攻戰次之故唐臣陸贄謂中國與夷狄各有所長不可勉于所短而敵其長宜用所長以乘其短是在脩封疆守要害塹蹊隧疊軍營譏禁防明斥堠務農以足力練卒以蓄威寇小至則遏其衝大至則邀其歸據險以乘之多方以誤之使其勇無所施衆無所用掠則靡獲攻則不能進有腹背受敵之虞退有首尾難救之患此萬全之術也今江南州縣既鮮城廓村居又鮮墩堡則封疆不脩各通海地方守

禦官軍名存實亡則要害不守江南居民散處水濵依江海者皷楫可至依腹裏者舍舟可通則蹊隧未塹各衛軍卒兵甲朽鈍遇敵則軍營未壘通番下海律有明條令閩浙勢豪私造巨舟與賊交易稍一厲禁怨讟朋興自巡撫朱紈不得其死法網遂撤則禁防不謹三壞雖存鞠爲茂草孤村相望幾絶炊煙則民不得務農進退無紀功罪不明軍不畜威三四倭奴挺刄而至官兵數百相顧披靡而蘇松沿海居民又每負貸賊所覬厚利是民借寇以生而寇反資糧于我安望能遏其衝與邀

其歸耶又聞賊據崇明諸沙彼反據險待我賊在月浦交戰彼且設伏出奇多方誤我又將虜去丁壯髡黥入黨絕其歸路而各州縣又不能爲之招調處分中間斃于矢石之下含冤江海之中不知其幾凡此數者我失其所長而賊顧乘我所短也自非大加懲創亟圖撲滅臣恐後患益甚況蘇松密邇留都襟帶江淮萬一搖動梗塞爲患不細乞申飭督撫嚴行守令預築城堡掘坑塹整軍置械固守要害團練土著招撫脅從其與各叅遊守把等官明賞罰之條厲交通之禁兩司及府州縣官

不可用者調之去之甚者以軍法從事至于督撫
罔功則巡按御史覈實糾劾容臣等從實叅究以
章憲典如此庶上下相維臂指相使東南不足憂
矣得旨各處調兵將至張經其督率區畫戰守尅
期蕩平若復怠緩重罪不宥比歲提請海道江防
聚兵等事有司漫不脩舉其令浙直巡按御史稽
實以聞豹初緘稱南北戰功請
上謝玄受賀遂階一品及是以警報日聞恐被譴責
故爲此言規脫已責云
浙江巡按御史胡宗憲奏上十月至十一月倭寇

自建跳所分掠紹興各縣水陸官兵前後擒斬三百餘人請録巡撫都御史李天寵原任叅將俞大猷副使陳宗夔陳應奎等功

上從部覆令先賞天寵等銀幣其所獲功次下御史再勘

倭寇陷青村所

以倭警命豐潤伯曹松專督

孝陵衛軍防護

陵寢

五卷終

皇明馭倭録卷之六

兵部車駕清吏司主事臣王士騏纂

嘉靖三十四年

巡撫應天都御史周珫奏蘇松二府連被兵荒乞將三十三年秋粮盡數蠲免華亭上海及嘉定崇明四縣仍發銀賑濟戶部覆議府本年民粮存留者依擬蠲免起運者除派內府外議改折俱暫停徵再將三縣各扣京庫米四萬石崇明原無起運令于別庫議發銀二萬兩給散以報可

兵部覆應天巡撫周珫巡按周如斗等奏去年十

月倭賊犯上海護塘馬家洪等處　姿宇鎮撫
陳習僉事董邦政禦之頗有斬獲　錄十一月
倭復寇璜涇陷青村所欲窺松江　僉事指揮徐承
宗等出戰不利參將湯克寬擊倭賊于嘉湖戰後
敗績當罪得旨改賞銀二十兩紵絲二表裏邦政
銀十两宇習各陞二級下承宗于　巡按臣訊治褫克
寬冠帶令于信地殺賊申勑總督　經略提期
剿賊
巡撫應天都御史周銃言禦倭有十難　三策其
十難謂倭去來飄忽難測海涯曼衍難　水陸勾

錯難戰鬼蜮變詐難知盤據堅久難備居民柔脆難使土地潟鹵難城主客兵力難恃芻粮匱乏之難措將領驕懦難任其三策謂瀕海上陳前馬跡諸山扼倭夷出沒之路置福船二百蒼山船三百與兩浙兵船會哨于諸島之間來擊之制人而不制于人上也以沙船五百遊哨于蘇州海口選土兵萬餘列戍于松江之獲塘俟賊登岸而掩擊之中也集蘇松輕舸五六百艘遊哨于黃浦吳淞太湖小港之間使賊步不敢深入舟不敢橫行下也更請趣調狼兵土兵漳兵留淮浙餘鹽銀十萬兩或

借南贛軍餉銀九萬兩爲粮賞之需兵部覆奏從
之
福建備倭都指揮張輝受命年餘始赴任巡撫王
忬劾其畏避詔械輝至京問擬爲民
先是工部右侍郎趙文華疏陳備倭七事一祀海
神言天吳顯靈廟在萊州請遣官望祭于江陰常
熟以激勸人心一降德音乞下令有司掩瘞枯骸
蠲粮稅省農耕以子惠元元一增水軍欲多募淮
揚壯健大修戰艦以固海防一差田賦按蘇松四
府民田一丁過百畝者重科其賦更預徵官田之

稅三年以佐軍興一募餘力贖論富家有能需財力自効者事寧或與論功或與釋罪一遣視師言當事諸臣以兵爲戲須以重臣監督之乃克成功一察賊情欲招通番舊黨並海塩徒易以忠義之名令其入巢偵伺因以爲間疏下部覆謂祀海神降德音增水軍募餘力察賊情俱有裨軍政請下督臣酌行其差田賦恐致擾民遣視師宜行總督張経奨率諸軍不必別遣[redacted]崑山縣致仕侍郎朱禧隆奏諸添設巡視福建都御史弁開互市之禁

上諭閣臣曰南北两欺不宜怠視本兵若罔知者文

華陰禧二臣之疏似不同泛奏者當有依焉今南
破此虛豈爲國之道耶
祖宗教養恩深豈以怨讟時君而忘
先聖大德卿等其集兵部科臣示朕此意今盡忠獻
以告于是兵部尚書聶豹等震慴請罪言文華之
疏臣度其可行者已奏可之其事有窒戾者亦復
疏陳其畧至如朱禧所奏設巡視則科臣謂官多
民擾其云開互市科臣亦謂示弱無以北虜之市
爲監皆駁寢之且昨歲文華已有市舶之議于時
戶部下所在守臣計覆至今未報臣惟

祖宗制倭絶其朝貢至以勲臣出鎮海波始清當時
絶不言及市舶意良有謂耳浙直兵力脆弱所恃
徵調以策應緩急者獨有漳泉兵耳若更設巡視
閩中則人懷自顧漳泉之兵豈得復爲蘇松兩浙
之用今兵力四集南倭似有可平之漸而宣大諸
境邊臣亦各矢力奮猷足寢北虜之謀倘所任不
効則當治諸臣及臣等之罪疏入得旨南北兩欺
倭賊殘戕地方尤甚昨下諭求平勦長策欲豹等
入告忠猷今此疏何有忠猷之告其更悉心計慮
以聞于是豹益惶恐上言臣犬馬之愚豈敢不盡

顧智識淺短軍國大計籌慮實有未周盖中間機宜非可遥制方畧不能面授拘于職掌者既難于徑行得于傳聞者又未敢輕奏是致臧否異同淆滴未效茲謹瀝竭血誠遵詔上便宜五事一制勝之本督臣駕馭失策諸將不相爲用宜令虚心以集衆思厚賞以畢群力一用兵之術急至宜以舟師截之于外狼土兵驅之于內而以鄉兵遏其横奔互相犄角則戰守俱利一散賊之黨今寧紹漳泉等府編立保甲自相稽察凡民出入出必詰其所向入必驗其所得嚴以覺舉之法重以連坐之

科一足食之計凡撫按論罷滸㝵郡縣等官罪有
追贓者宜徵入以佐軍需一足兵之計疏列罪錮
諸將視其輕重限以首功多寡自贖贖已積功敘
復其官已乃積功遷次如例不效則仍正其罪疏
入
上曰爾等職任本兵坐視賊欺不能設一策平勦又
奉諭問却令泛言具對摭拾舊文塞責豹姑降俸
二級侍郎翁溥等各奪俸半年所司郎中張重降
二級調外任餘各奪俸三月復降勅切責張經師
久罔效令其嚴督諸臣亟爲勦賊安民如再因循

重坐不貸
巡按浙江御史胡宗憲勘上去年十一等月倭犯嘉湖諸臣功罪言倭屯據柘林突犯嘉善及嘉興攻府城東北二門時指揮陳光祖把總孫敖指揮樂墳俱擁兵不戰咸以賊衆兵寡爲解賊遂越府城流刼秀水歸安都御史李天寵督參將俞大猷都指揮劉恩至水陸兵同抵嘉興而僉事羅拱辰兵亦來會天寵督發各兵併力追剿分命副使陳應奎陳宗夔隨營監之令尅期夾攻水陸並進乃宗夔見恩至所率皆蒼山廣福銃卒欲專其功業

與大猷約期乃前期以孤軍先進與賊戰烏程縣
之窯墩我軍不利賊亦頗有損失復歛入柘林老
巢于十二月突出犯新帶恩至威令不行偏裨各
自爲進止百户賴榮華統福兵六百人恃其驍𨒪
鼓行直進賊潰登舟榮華乘勝薄之中烏銃而死
把總孫敖千户鄭逵以蒼山兵先遁師遂奔敗嘉
善知縣鄧植望風棄城走是日賊遂入嘉善焚縣
治屠掠甚慘以上諸臣進退無紀彼此離心貪功
覬望有同兒戲坐貽地方大害請分别治罪而䘏
録其死事者詔褫劉恩至冠帶令戴罪殺賊下敖

等八人及鄧植于巡按御史訊治奪兵備副使陳宗夔僉事羅拱辰俸各一月責俞大猷陳應奎策勵供職其陣亡將士賴榮華等下所司優卹如例

遣工部右侍郎趙文華祭告海神兼察視江南賊情初文華條陳禦倭便宜首請遣大臣祭東海至是禮部覆如其言

上以問大學士嚴嵩言南賊擾蘇松二載設官調兵未見實效屢次奏報或多失實宜依部嚴遣大臣往祭宣布朝廷德意即令察視賊情訪求可以區處長策具實奏聞其所差官或即用文華亦可

上乃命文華往文華本嵩私人及是復自以奇術得
幸于
上既出憑寵自肆所睚眦即立摧仆之百司無不望
風震慴奔走供奉恐後時公私財賄填入其室江
南爲之困敝焉至于牽制兵機顛倒功罪以致紀
律大亂戰士解體雖微兵半天下而賊勢愈勝皆
嵩引用匪人之罪也
賜蘇松海防僉事董邦政四品服俸賞銀二十两
紵絲二表裏録其正月閘川沙窪剿倭功也
兵部覆浙江巡按御史胡宗憲疏報正月朔柘林

倭奪舟犯乍浦海寧攻陷崇德縣又轉掠塘棲新
市橫塘雙林等處復攻德清縣殺把總梁鶚指揮
周奎孫魯百戶陸陵周應辰副理問陶一貫等
正失事諸臣之罪并録有功及死事者
上以城陷失事[redacted]大命巡按御史執崇德縣知縣蔡
本端解京訊治參將湯克寬把總指揮丁僅下督
撫先取死罪招巡撫李天寵都指揮吳緇邵昇領
兵僉事羅拱辰俱停俸戴罪殺賊奪副總兵俞大
猷及參政謝少南厂備副使陳應魁僉事凌雲翼
等俸三月下指揮等官李土等七人于按臣問周

奎等陶一貫等各贈襲如例獲功知縣楊芷副千戶曾勇監生喬鏜等令軍門奬賞有差已逮本端至坐失陷城池謫戍

蘇松兵備任環督參將解道明等以舟師與倭戰于南沙野芽洪敗之斬首一百八級

巡按直隸御史孫慎勘獲三十三年倭犯蘇松地方文武諸臣功罪并請錄死事者得旨指揮婁宇等十九人及原任備倭者都指揮僉事梁鳳海防僉事董邦政俱功罪相當宥不問指揮等官徐承宗等二十七人令按臣逮訊奪知縣周秀等六員

俸三月褫備倭署都指揮僉事盧鏜冠帶戴罪殺
賊贈死事省祭官孫鏜及巡檢李叢祿俱光祿寺
署丞陣亡千戶童元男陞襲如例
廣西田州土官婦瓦氏川土狼兵應調至蘇州總
督張經以分配總兵俞大猷等殺賊奏聞詔賞瓦
氏及其孫男岑大壽大祿各銀二十兩紵絲二表
裏餘令軍門獎賞
工部侍郎趙文華至松江祭海神是時倭據川沙
窪柘林爲巢經冬涉春新倭復日有至者地方甚
恐及聞兵至人心稍安總兵俞大猷遣遊擊白泫

等稍有斬獲文華因謂狼兵果可用厚犒之激使進剿至漕涇遇倭數百人與戰不勝頭目鍾富貴黄維等十四人俱死兵士傷已甚衆于是賊知狼兵不足畏復肆掠如故矣

倭犯江北淮揚等處前後由通州之餘東場海門之東夾港地方登岸流劫狼山利河等鎮邑四餘西等場而去江北倭寇入通州南門燒民屋二十餘間

江北倭犯淮安府塩城縣

巡按浙江御史胡宗憲言往時日本入貢多不及期請待其復來得以便宜譴遣仍令有司移檄其

王問以島夷入寇之狀疏下禮部覆言倭夷犯順窮兇無過今日苟輕容再貢殊損國體請如宗憲議遵例阻回諭以貢有常期必當遵守仍當委曲開導使之心服不得徑情直行致拂夷心至于彼國僻居窮海島夷背其君長藉口爲寇沿海姦民互相勾結揆之理勢似亦宜有請因其入貢即令撫按衙門移諭日本國王責問連年犯順何人倡亂令于半年之間立法鈐制號召還國即是效順忠款雖使貢期未及亦必速爲請奏如或不能鈐服則是陽爲入貢陰蓄異謀仍遵禁例徑自阻絕

上是其議

永順宣慰司官舍彭翼南保靖宣慰使彭藎臣各統土兵三千名及致仕宣慰彭明輔官生彭守中等報效兵二千名俱至松江

兵部尚書楊博等議上平倭賞格請于吏兵二部各印發空名告身五百紙付總督張經聽其量功受職給赴本部即與銓除

上曰即今調集狼土兵多費用粮餉不貲正宜設法倂力剿賊所擬雖是破格懸賞恐處置未善致有誣殺冒功買功反滋弊端其再會吏部都察院及

吏兵二科熟計以聞尋集諸人議上文職如舉人監生斬倭一級免其監歷即附選籍候選者即與銓除三級以上則于格身優叙願京職者如所試級除之承差獲級三顆待次者免其歷役在役者即與銓除吏農獲級三顆待次者免其考辦在役者即附選籍省祭官待次者亦准附選候選者即與銓除加於本資一級其陰陽醫技等官獲級如上則榮以章服録一子爲生員如各罷閑品官獲級如上削籍者許以冠帶閒住者致仕致仕者進級仍補一子爲增廣生其不願仕與獲級不如數

者給賞如武職例武職賞格畧如邊方例獲倭一級進世襲一秩獲從賊三級視倭一級其非對敵而緝捕三人者陞一秩上其身其所部獲功副總兵至二百級叅將都司至百五十級把總指揮至六十級千百戶至二十級皆得陞秩其文武智勇出衆能獲渠魁大㑹者俱別議以聞議上得旨時方用兵進剿所議待報另行

柘林巢賊分衆三千餘過金山衛總兵俞大猷督游擊白泫及田州瓦氏兵遮擊之賊鼓衆來衝我兵大潰死亡無筭賊遂奔犯浙江

江北倭犯淮安府盐城縣
三大浦倭賊分掠常熟江陰村鎮兵備任環督保
靖土兵千餘及知縣王鈇指揮孔燾分統官民兵
三千攻其巢破之斬首五十餘級燒賊船二十七
隻餘賊奔江陰
川沙窪倭賊駕舟出海官兵縱火焚其巢風蕩賊
舟一至戚家墩遊擊白泫劉恩至獲之斬首三十
七級是日江陰賊亦出江東遁
淮揚海防叅政張景賢兵禦倭于狼山敗之
柘林倭賊合新倭四千餘人突犯嘉興總督經分

遣叅將盧鏜等督狼兵等兵水陸擊之保靖宣慰
使彭藎臣與賊遇於石塘灣大戰敗之賊遂北走
平望副總兵俞大猷以永順宣慰使司官舍彭翼
南兵邀擊之賊奔回王江涇保靖兵復急擊其後
賊遂大潰諸軍共擒斬首功一千九百八十有奇
溺水及走死者甚衆餘賊不及數百奔歸柘林自
有倭患來東南用兵未有得志者此其第一功云
原屯川沙窪倭寇復突犯鬧港周浦阜溝等處奪
舟過浦分掠泗涇北簳山僉事董邦政遊擊周藩
引兵追擊遇賊於塘行裁兵驚潰藩被戕死軍士

死傷者幾三百人賊遂屯駐古塘橋流刼崑山縣
石浦等鎮
南京湖廣道御史屠仲律條上禦寇五事一絕亂
源夫海賊稱亂起於負海姦民通番互市夷人十
一流人十二寧紹十五漳泉福人十九雖槩稱倭
夷其實多編戶之齊民也臣聞海上豪勢爲賊腹
心標立旗幟勾引深䧟相窩藏展轉貿易此所謂
亂源也曩歲漳泉濵海居民各造巨舟人謂明春
倭大至臣初未信既乃果然故禦之標在腹裏防
之弭盜之本當邊海制之邊海諸處漳泉福爲始

而寧紹次之其一禁放洋巨艦其二禁窩藏巨家其三禁下海姦民三法者立而亂源塞矣即使舊賊未盡殄滅然而後無所繼其勢自孤退無歸其情知懼與今日往來自若者必不同矣二防海口夫海固涯涘無際然賊泛海來犯放洋則銜濤入口則起陸非可絕險而徑渡也故其往來所由出入可設險防拒者姑自浙東西大江以南濱海數郡言之入平陽港則近金鄉入黃花澳則近盤石而逼溫州入海門則越新河而寇台州入寧海關入湖頭灣則窺象山定海而瞰寧波入江口則搖尾

於紹興入鰲子門則垂涎於杭州入乍浦峽則流
毒於嘉興入吳淞江則犯松江入劉家河入七丫
港則掠蘇州此其大勢也中間經行或潛形於馬
蹟山或遯跡於大七洋及大小衢上下川則其要
害也此沿海諸郡之通患也故守平陽港拒黃花
澳據海門之險則不得犯溫台塞寧海關絕湖頭
澳過三江之口則不得窺寧紹把鰲子門則不得
近杭州防吳淞備劉家河七丫港楊威馬跡大七
洋大小衢上下川諸險則不得擾蘇松嘉興此地
險也一處失守蔓延各處不可以彼此分遠近異

也且賊長於陸戰短於水鬬以其船不敵耳
不備也在我宜用所長棄所短則莫若持海船請
以見在把總船隻通行查劄不足則令福建如法
添造或即令沿邊地方買補每大小船百隻或五
十隻號爲一綜募以慣習柁工水稍而充以原額
水軍于前諸海口各量緩急以爲置船多寡文爲
遊兵數綜分布上流往來要害海軍解粮衣甲之
給比陸軍加優令其更番巡邏併力捍禦來遏其
衝去擊其惰責以毋令賊入賊入而力拒有功者
陞賞其失備者重究此禦寇之長算也故法不可

不厲也臣聞倭之入也豈盡無軍之患盖有軍而移入便地者矣有失於巡哨者矣甚者買渡報水受其鈎餌者矣若此則地方奚賴焉夫百處守之一處失之無益也千日防之一日疎之無益也事在督撫及海道諸臣明信其賞罰耳三責守令夫荷戈戟載甲冑爭鋒死者將士之能也保封域固郊圻全境安民者守令之任也今之守令不肖者棄城而走矣其賢者大率遇警則嬰城守耳其關廂村鎮委之無柰何夫城之外獨非赤子乎且邉海孤城卒然無備猶可諉腹裡歲 江南奧壤非

可長驅而卒至者顧不能設險預防使寇徜徉去來若履無人之境則國家建邦設邑張官置吏將馬用耶自今江南守令之職當以訓練士兵保令境土爲殿最仍勑吏部凡遇海守令員缺必慎擇其才且賢者然後授之庶保障足耳四議調發近日徵調各處兵民遠近四集徐沛山東永保川廣及軍門編調各府義勇無慮數萬然師老財殫竟不見膚功之奏者臣請諸指臣不善用兵之弊陳之夫古者用兵潛機審計電馳霆擊進退倏忽妻子莫聞所以能有成功也今則先發後行尅期始

動前軍未啓而先聲已聞其弊一也古者名將算不百勝不敢輕動今也謀不預成計不先定冥行突進動陷伏中其弊二也守不據險屯不列要奔急救難賊逸我勞其弊三也法曰夜戰聲相聞足以相救晝戰目相見足以相識懽愛之心足以相死言兵之貴熟習也今也兵不專一主客雜聚卒遇狡賊易衣變飾突然來前不能別識其弊四也兵無素統將不預設一遇有警卒然命官本以烏合之人帥以未經識面之將其弊五也夫三軍之衆所以冒白刃蒙矢石至死而無敢郤顧者感行

之素今法今姑息紀律不肅進必有死之恐退無伏鑕之慮是以畏敵而不畏將其弊六也地形不習險易不識趨利不及避難不早其弊七也糧糗不儲料理不周遠兵勞役撫卹未至枵腹待寡窮愁思歸其弊八也士不精選勇怯無辨前擊後解懽然而散雖悍矣勇士或以無援而力屈或見先奔而膽喪其弊九也地狹人衆不能旋轉互相排擠雖有勇敢無以効其所長其弊十也十弊不去雖頗牧操刃賁育執戈莫能濟矣近日汀州如賴百戶兵敢死先登足當一面以不善用之使頭領

陣亡軍士逃遯如此則徵兵雖多亦何益哉夫非有遠畧大志約束號令不過辟爲姦利在貪濫耳所以制禦之則非兵少之憂而實寡算之患蓋欲防盜者必知盜情欲制盜者必存盜心故必詳謀而熟計之然後成功可期也五作勇敢沿海如沙民鹽徒打生手及村莊桿夫皆勇敢可用然多樂效用於私室而不樂報名於公家何者以公家勢遠而文繁也豪民以之保村里則有餘以之充行伍則無益何者以行伍人多而心力渙也然則順其情相其宜以振作鼓舞之必有術矣乞勅下各

該有司遍諭豪家大族及里巷豪傑各爲身家併
力拒守其有能團結鄉民保固村鎮者先與免其
糧里押運重役及徭均一應雜差獲功者一體陞
賞其有願受文職審其果能保障一方及斬首十
顆以上民得比輸粟入監係有職役者並得起送
赴部與本等常選陞授閭里之人並得以其功累
增至赴部實選其不願官爵者則重給賞優恤之
或亦制賊之策也近蘇松嘉湖之民嘗有糾集知
勇乘賊怠玩或掩其昏暮間能被賊奪其輜重者
隨爲官軍刼其財而奪其功夫居民出百死之力

卒被刼奪曾不獲分毫之報不亦激衆怨而失民心乎又有村民團結自相防護志在全家保妻子耳有輒謂其能遂報名入官以致人各畏避不敢復謀拒賊此又沮民之氣而抑其忿也請諭地方官凡義民不願在官者不得一切附報且嚴禁官軍不得攘奪民功則民利而動無畏而奮將各思所以自效矣兵部覆其議悉是詔允行之

倭五十餘人自山東日照縣流刼東安衛至淮安贛榆縣是日呂四塲有倭舟突犯沿刼東團等處該塲副使李政督率者竈奮銳攻之斬首四十五

級盡殲其衆
倭舟三十餘艘衆約千餘人自海洋突犯蘇州上
村所攻城不克遂縱火自焚其舟登岸肆刼是時
新倭復大至自青村外若南沙小烏口浪港諸處
悉有賊至泊岸即焚舟散刼官兵稍稍逼乃合勢
犯蘇州陸涇壩及婁門南京都督周于徳引兵來
援一戰而敗鎮撫孫憲臣被殺倭遂中分其衆爲
二一由齊門北馬頭而北轉北掠滸墅關長洲五
等都一由胥門木瀆而南轉掠呉縣横塘等鎮延
蔓常熟江陰無錫之境出入太湖莫能禦者

浙直督撫諸臣以江南倭寇侵擾調兵日多糧餉
不給請借留淮浙餘塩及南贛餉銀各省庫銀接
濟戶部覆餘塩銀屬京邊歲費難以議留贛州餉
銀准借九萬两廣東福建庫銀各十萬两江西湖
廣五萬两更以兵部船料并各府應解均徭民兵
銀存用今日江南軍餉孔亟固當計慮京邊歲費
日增尤當議處宜行各司府編派均徭接濟內除
順天蘇常鎮等府充編外其餘司府俱預編一年
令南直隸淮楊鳳徐四府州浙江軍門陝西銀解
延綏山西銀解三關北直隸直保定七府及河南

山東江西湖廣四川五省銀俱解本部以備用詔

可

南京湖廣道御史屠仲律奏江南倭寇軍餉不足竊覩破耗之獘實數端召募軍士動輙敗沒是費數十萬金不得一夫之力一也城守攻築曠歲無成是費數十萬金不得尺地之守二也士兵之選勇怯無擇衣粮之蠹日費千金三也海上艘艦擄奪漂燬脩造所需不可紀算四也甲冑之製數多費廣一遇接戰裸體而歸五也器械藥耀目震耳臨陣捲棄祇爲盜資六也六蠹不去則盡帑藏洩

之尾閭矣至於加派田糧勸借富戶有司假此擾民驅之爲盜俱宜嚴飭務俾樽節愛養以求功跡

下戶部議行

詔錦衣衛遣官校逮總督直浙福軍務右都御史張經及叅將湯克寬械來京問以侍郎趙文華劾其畏巽失機玩冦殃民故也倭自去歲松江柘林川沙窪二處爲巢縱橫肆掠週圍數百里間焚屠殆徧水陸兵無敢近者本年三月勅廣西田州土官婦瓦氏及東蘭南丹那地歸順等州狼兵六千餘名承經調至狼兵輕慓嗜利聞倭富有財貨亟欲

取之居民亦苦倭寇暴朝夕冀倖一戰文華既至
嘉興屢趣經亟戰　勅賊經曰賊狡且衆今檄
召四方兵獨狼　至耳此兵勇進而易潰萬一
失利即駭遠近　俟保靖永順土兵至合力
夾攻庶保萬全　再三言經終守便宜不聽文
華乃疏言經養　財屢失進兵機宜惑於參將
湯克寬謬言　飽滿載以洋以水兵稍餘賊
報功塞責　以約東南大禍疏至
上以問太　具　文華言且謂蘇松人怨
經　旨　克寬　逮京鞫訊以懲欺怠經

侍郎等陞巡撫應天右僉都御史周鋭
郎。原職代經總督
刼海州沭陽桃源等處至清河阻雨徐
沛，遂之殲于馬頭鎮民家斬首四十一
級。皆日照登岸不及五十人流害兩省殺戮
千有 人至是始滅
參將盧鏜督 上江等兵及宣慰彭藎臣土兵
四川指揮陳元正蜀兵攻倭於張莊賊見兵衆閉
壘不敢 元正以兵挑之賊出戰諸軍四面攻擊
縱火焚之 賊舟遯我兵追擊之及於後港賊反

軍迎擊諸軍皆潰
浙福提督都御史李天寵以四月間金山衛之敗來聞因叅副總兵俞大猷統調集重兵失機僨事以致流毒浙省
上批其疏曰俞大猷統狼廣兵萬餘不行進勦致賊猖獗本當重治姑奪職充爲事官戴罪殺賊
陞金山總督倭備署都指揮僉事劉恩至充分浙江嘉湖等處叅將而以指揮僉事婁宇爲署都指揮僉事代恩至
總督直隸浙福右都御史張經以平望王江涇大

捷來聞於是兵科都給事中李用敬給事中閻望雲顧泓潞袁世崇高敏宇等因言經巽懊失事罪之誠當但今獲首功以千計正倭奴奪氣我兵奮激之時宜乘勢擣柘林川沙窪之巢以殲醜類若復易帥恐誤機會請姑召還錦衣使者待進兵之後視其成績與否從而逮經加罪未晚也

上覽疏大怒手批之曰張經欺怠不忠聞文華之奏方此一戰是何心也此輩黨奸惡直沮法慾上罪不可貸乃命錦衣衛執用敬等各廷杖五十黜爲民已而

上心疑之以問大學士嚴嵩言此事臣昨問臣階臣本二臣松浙人以鄉郡被慘聞見甚眞皆言經養寇損威殃民糜餉不逮問無以正法昨狼兵初至氣銳經禁久不進瓦氏憤曰我自備軍糧不效尺寸何以歸見鄉黨及賊至甚多地方震恐文華憤不能平與御史胡宗憲合謀督兵追賊經聞繼至今文華誠忘身徇國然必藉巡按力宗憲勇敢有膽略親擐甲臨戎以致克捷此實上天垂祐所致

皇上昨諭欲遣官賜文華銀幣以壯彼仰見

聖明激勵臣工至意但御史宗憲功同希亦賜一賞使彼地之人知日月之明無遠不照功者勸罪者懼矣

上乃諭禮部曰昨文華不言賊情未免又誤可令竭忠督討仰賛玄威其遣衛官一員賫賜文華大紅金彩錦鷄紗衣一襲銀六十兩御史宗憲協心王事賜銀三十兩彩段二表裏兎氏效勞被沮亦犒賞銀三十兩彩段二表裏可即行給發之方文華發疏有云徵兵四集未有進戰之期葢經以兵機貴密宗憲輩佻淺不輕與言耳今戰勝嵩乃言文

華宗憲合謀督兵擐甲致捷經聞乃至殊失事實
然狼土兵寔服經威名經被逮衆志卽泮渙周珫
楊宜皆庸駑非濟變才且受制文華宗憲由是倭
患日新而狼土兵復爲地方所苦東南事愈不可
爲矣
柘林倭賊縱火自焚其巢駕舟二百餘艘出海東
遯
蘇松兵備任環督總兵俞大猷等官及永順宣舍
彭翼南等土兵蘇州府縣兵進攻陸涇壩賊敗之
斬首二百七十有奇焚賊舟十餘艘餘賊奔潰

察視浙直軍務侍郎趙文華上疏報捷謂前月倭犯嘉興城御史胡宗憲先中以藥酒擊敗之俞大猷率永順宣慰彭翼南等又敗之於王江涇擒斬千餘人參政任環又敗之於常熟斬首一百五十級焚其舟二十七而金山衛等處斬獲亦不下二百賊衆蕩平有期矣兵部言據此捷奏兵威稍暢人心正奮然在浙江則餘黨未遯在松江則舊倭猶在宜乘勝逐北以靖地方請先賞將士用命者

上命賞永順宣慰彭翼南等四人銀各二十兩紵絲二表裏餘軍門領賞。

陞浙江按察使曹邦輔爲都察院右僉都御史提
督軍務巡撫應天
倭寇常熟縣知縣王鈇率兵乘城禦之賊屢攻不
克移舟泊三里橋鈇及鄉官祭政錢泮率耆民家
丁追賊及於上滄港爲賊所掩擊俱死耆民無脫
者巡按御史金淛上其事
上憫二臣死事詔贈鈇爲太僕寺少卿泮光祿寺卿
各蔭一子錦衣衛世襲百戶賜祭一壇立祠死所
有司歲時享祭
侍郎趙文華復疏陳倭夷出没之形并劾巡撫周

琉總兵白泫僉事董邦政等縱寇喪師使零賊奔潰餘孽復張因言巡按御史胡宗憲才智異常安危可寄宜亟付以大任兵部覆上其議

上責琉統重兵不能擒斬逸賊致蹶將損師本當逮治第時方用人姑停琉俸褫泫及邦政等職充爲事官戴罪殺賊如仍前怠縱罪無赦宗憲俟論功之日不次超擢文華仍奉命督師參奏僨事者勿畏避

倭賊百餘自浙江紹興府上虞縣慈谿所登岸突犯會稽縣高埠奪民樓房據之知府劉錫千戶徐

子懿等分兵圍守賊潛縛木筏由東河夜渡潰圍
而出鄉官御錢鯨遭扵墅浦見殺賊遂流刧杭州
而西於潛西興昌化內地驚駭
三丈浦倭賊駕舟出海總兵俞大猷引舟師邀擊
擊之斬首一百三十有奇衝沉賊船七艘賊遁泊
海三板沙
巡按御史周如斗疏報蘇松舊倭去者未盡絕新
倭來者益衆節犯黃浦茸處殺遊擊周藩請治諸
臣失事罪僉事董邦政寡謀輕進遂致僨師罪
宜首論把總婁宇皇風奔潰同知郁文奎洪以業

防首踈虞及總督張經提督周琉操江史褒善均有兵戎之任不能禦寇門庭皆屬有罪副總兵俞大猷既追寇於金山復慢防於越浦雖有平望王江涇之捷難贖其辜備倭都指揮劉恩至要害不守武備素弛皆當量罰因言新舊之寇勢合而益張主客之兵力分而益寡請更調發精兵協濟軍餉責諸以討賊必效仍録遊擊周藩死事之忠以作士氣兵部計巳被譴諸臣不議請令督周銃遵前議增調两廣精兵仍令盧鏜親詣處州選兵更於四川松潘等處官民鄉勇寃士諸兵並赴浙直

軍門并力破賊

上曰近日江南調至狼土諸兵不爲不多督撫官遲疑觀望不能進勦養寇貽患以致新賊繼至合勢愈熾又欲增調各兵假此遷延時月奚有實心平賊之忠今姑從所擬施行若又師久無功琥等罪不赦奪操江史褒善俸三月摠把總婁宇都指揮劉恩至戴罪殺賊下同知都文奎洪以業於按臣問贈遊擊周藩都督僉事錄其子襲陞三級

倭賊進擄江陰蔡涇閘分衆犯唐頭知縣錢錞統狼兵禦之遇賊於九里山時已薄暮雷雨大作賊

伏兵四起狼兵悉奔惟餘錞及民兵八人盡死於賊巡按御史周如斗上其事詔贈錞為光祿寺少卿廕一子國子生賜祭一壇立祠死所有司歲時祭祀

原犯浙江倭賊還侵吳江參政任環總兵俞大猷督水陸官兵迎擊於鶯脰湖平望等處斬首七十九級生擒賊五人餘賊奔還嘉興

三板沙倭賊搶民船出洋參政任環總兵俞大猷引舟師追擊於馬蹟山擒倭首灘稔賣及徒賊五十七人斬首九十三級是日倭舟有被海風飄回

者舟壞餘賊五十餘人屯嘉定縣民家參政任環
以者兵攻之不克傷亡三百餘人乃投火民宅焚
之賊盡死
勅總督直隷浙福軍務都御史周琉巡撫浙江都
御史李天寵爲民改南京戶部右侍郎楊宜爲兵
部右僉都御史代琉陞巡撫浙江都御史胡宗憲
代天寵先是
上聞琉疾甚又以天寵嗜酒廢事遂併黜之仍勅工
部右侍郎趙文華悉心督察命禮部鑄督察軍務
關防馳賜之

察視軍情侍郎趙文華言始者賊逸松江也宣慰
彭藎臣等與賊相持十晝夜賊遁蘇州藎臣及俞
大猷任環合兵追之於陸涇壩斬首五六百級兵
勢稍振頃二司兵失利而賊遂散逸一犯湖州長
興勢復猖獗良由我兵寡勢分士氣不揚耳臣以
爲藎臣等報效之勤勞寇至蘇州我軍盡亡火器
委諸賊中而又海上福滄等舟七十餘船皆爲賊
燬臣以爲諸臣失事之罪宜問兵部覆議
上命降勅獎勵彭藎臣彭明輔各賜銀二十兩紵絲
一表裏官舍彭翼南准實授生員彭守忠給與冠

帶其福滄兵船被燬失事令按臣覈實以聞

蔡涇閘倭至夏港鎭副使王崇古督水陸兵夾擊之賊遂出泊港淺沙分舟南犯至靖江陳公港登岸我兵急擊之斬首四十有奇餘賊逃入民家我兵焚而殲之

奪浙江按察司副使劉起宗董士弘官一級僉事羅拱辰二級陞左參議許東望爲副使代拱辰以巡按御史胡宗憲劾其禦倭無功故也

改湖廣按察司副使孫宏軾復除山東副使劉燾俱於浙江以倭警用兵從吏部推擇也

巡按直隸御史周如斗維亭常熟之敗疏言越浦之寇蔓延內地流毒日深諸臣防禦失策致鎮撫孫憲臣身嬰賊鋒知縣王鈇鄉官錢泮繼及於難前後雖有小捷所喪敗日多因參兵備副使任環功不掩過海防僉事董邦政罪浮於名及巡捕同知王如瓚把總婁旦等失守慢防之咎請䘏錄憲臣等而正環等罪又言永順保靖之兵屢戰多捷實湖廣副使孫宏軾參議王繼洛監督有方及官舍彭翼南彭守忠等實心幹濟請優賞以示兵部議覆詔宥環下如瓚等於御史問賜宏軾繼洛各

銀二十兩紵絲一表裡贈憲臣指揮僉事龔陞其
子三級
高埠逃倭自杭州西掠者沿途傷亡至嚴州淳安
縣僅六十餘人以浙兵逼急由濠領盤山貫入歙
縣黄栢源口徽州府等守隘官兵民壯五百餘見
賊悉奔潰賊遂流刼績溪至旌德典史蔡堯率兵
千餘禦之不克賊遂叩縣南門縱火屠掠過涇縣
知縣丘時庸引兵追擊於埠塘敗績賊乃趨南陵
縣丞莫逞以三百人分守界山見賊奔竄賊遂入
縣城縱火焚居民房屋于是建陽衛指揮繆印當

塗縣丞郭映郊蕪湖縣丞陳一道太平府知事郭樟各承檄以兵來援與賊遇於縣東門印等引弓射之賊悉手接其矢諸軍相顧愕眙遂俱潰一道所率皆蕪湖驍健乃麾衆獨進爲賊所殺一道義男子義横身捍賊及亦死

革金山備倭都司改設參將一員於蘇松暫設參將一員於常鎮

江南金涇許浦白茆港諸倭俱戰舟出海總兵俞大猷督各水兵把總劉鏜火雷佘昂等引舟師追及於茶山縱火焚其五舟餘賊走馬蹟山三板沙

我兵復追擊之壞其三舟凡斬賊六十七級生擒四十二人是時江陰蔡港倭亦引舟出洋我兵分擊於馬蹟山圖寶山等處共擒斬九十餘賊值颶風大作賊舟出洋為我兵衝擊及海風簸蕩沉沒二十餘舟餘賊復回泊海港登岸劫掠

南陵倭賊流劫至蕪湖縱火燒南岸突渡北岸入市各商民義勇登屋以瓦石灰罐擊之賊多傷者遂奔出各商兵下屋生縛二倭斬首十級賊趨太平府是時操江都御史史褒善駐太平遣千戶曾辰等督鄉兵義勇殺虎手等兵禦之於馬厰大敗

賊遂進逼府城城中人斷河橋防守賊引而東犯
江寧鎮指揮朱襄蔣陞率衆迎拒不能禦襄戰死
陞被鎗墮馬官[redacted]死者三百餘人賊遂趨南京其
酋衣紅乘馬張黃盖整衆犯大安德門我兵自城
上以大銃擊之賊沿外城小安德夾岡等門往來
窺覘會城中獲其所遣諜者賊乃引衆由鋪岡趨
秣陵關而去
南京河南道御史葉恩以倭賊破杭州北新關劫
奏提督浙直軍務都御史李天寵失誤軍機罪宜
重治詔差官校齎京問尋巡按御史胡宗憲亦疏

劾天寵縱寇殃民參將尚允紹等防禦寡謀請罷
天寵而治允紹等罪得旨天寵已逮繫允紹姑革
職充爲事官與地方守巡官俱奪俸令戴罪自效
督察軍情侍郎趙文華奏六月間松江三丈浦餘
倭登舟欲遯泊登沙北候汛太倉知州熊桴督福
沙兵船追擊之沉賊舟七俘賊一人斬首一百三
十餘級又有原江北倭舟十流入嘉定吳淞江把
總劉堂引舟師擊於外洋俘賊五十七人斬首九
十三級請告
廟獻俘并叙録桴及嘉定知縣楊旦參政任環欲將

環欽降官銜如武職之位以桴補僉事董邦政鈌
旦重加陞賞兵部覆言任環忠勇屢立奇功武職
無前例請如大同知府王誥例蔭子邦政在任桴
宜別處以地方之職餘功以次論叙得旨任環蔭
一子爲原籍衛所副千戶隨軍殺賊熊桴陞本府
同知添註練兵把總劉堂各陞二級楊旦賞銀二
十兩賊久未平亟令督撫等官勦逐以靖地方毋
忽

總督直隸浙福軍務右都御史張經浙西參將湯
克寛逮繫至京詔下法司議罪經上疏自理曰臣

自昨歲十一月受總督之任於時倭方盤據柘林川沙窪其衆且二萬余吳會民兵脆弱無可制禦臣乃奏調田州東蘭那地南丹歸順等州狼兵五千名永順保靖二宣慰司土兵六千名盖欲合力併勢爲必勝之筭耳今歲三月初田州土官婦瓦氏及東蘭等州官舍各兵繼至臣從宜分布以瓦氏兵配總兵俞大猷屯金山衛爲犄巢西路以東蘭那地南丹三州兵配遊擊鄒繼芳屯閔行爲犄巢北路以歸順兵及募至思恩兵廣東東莞所守備參將湯克寬屯乍浦爲西路右哨各令相機戰

守及三月末侍郎趙文華至松江大賚諸將趣令進討然遠調之兵新至之將賊情地利皆所未諳遊擊白泫以田州兵千餘往採陸哨遇賊伏卒殺其頭目鍾富損兵大半則狼兵之不宜驟用明矣及四月二十日永順保靖兵至其日巢倭四千餘突犯嘉興即委參將盧鏜督保靖兵援嘉興委俞大猷督永順兵由泖湖間道趨平望以扼賊路今湯克寬引舡師從中擊之一戰而勝凡斬馘一千九百有奇焚溺死者無算賊氣遂餒此臣日夜苦心審機慮勝豈有一毫怠事之念哉自臣涖任方

半前後俘斬且以五千計惟是智略淺短不能使積年劇寇俄頃掃蕩此則臣之罪也疏入不報經竟寬論死繫獄

八月倭自南京秣陵關入應天府推官羅節[illegible]指揮徐承宗率兵千人守關望風奔潰賊遂過關至溧水縣楊林文景率兵迎遏不能禦署縣縣丞趙珠臣棄城走遂由小北門入城宴飲民家信宿乃去

整飭太倉兵備叅政任環有親喪例當回籍巡按御史周如斗以倭寇未平請留之詔奪情任事

柘林倭載舟至海僉事董邦政總兵俞大猷各督所部水兵分哨擊之斬首七十有奇獲船九艘邦政復以嘉定兵擊賊於寶山斬首九十八級

溧水倭流刼溧陽趨宜興至岳亭聞官兵自太湖出取道官路橋黃土越武進縣境抵無錫慧山寺一晝夜奔一百八十餘里我兵追及急擊之賊夜走望亭次日至許墅關都御史曹邦輔督各官兵圍之

柘林開洋賊遭風漂三舟餘賊三百有奇自祭廟

港登岍流至華亭縣陶宅鎮擄之
南京御史金淛陶學各言中國叛人王直久住日
本主謀煽禍乞要懸立爵賞俘馘賊首及將兩京
十三省見監併緣事大小武臣許令殺賊贖罪又
公侯勳戚世臣有蓄養家丁行令督率効用兵部
議覆賞格宜如宣大例有能擒斬王直來獻者封
以伯爵賞銀一萬兩授坐營坐府職銜管事有斬
獲黨酋如明山和尚輩者指揮僉事賞銀三百兩
緣事武臣本犯仍監候許令子弟家丁報効贖罪
充軍以擒斬十名顆永遠充軍者以二十名顆死

罪者以三十名顆爲率勲戚家丁事情未便姑已
之詔悉從部議第武臣犯死罪者不准贖
原任吏部主事史際輸米五千石助軍餉應天撫
臣以聞詔陞際尚寶司卿四品服色致仕
督察軍情侍郎趙文華陳防海五事復更番出洋
之制國初海防之設極嚴今乃列船港次猶之棄
門戶而守堂室浸失初意宜分乍浦之船以守海
上陽山蘇松之船以守馬蹟定海之船以守大衢
三山品峙哨守相聯更以副總兵屯泊陳錢諸島
以扼三路之衝使賊不得越二把總既屯海上須

藉舟師今所造福船未辦所調廣船未集請以寧
紹台温蘇松捕魚船及下捌山捕福蒼等船約束
分布相兼戰守三浙直地勢相連互爲唇齒宜設
正總兵官二員分駐金山臨山會要之地共守陳
錢而以叅將分守馬蹟等三山各督信地則勢成
犄角四沿海一帶軍伍不充請籍見募鄉兵萬人
歲給半粮免其他役給開田屯種倣古寓兵於農
之意五拒海冦功與戰勝内地者異宜厚其陞賞
斬賊一顆爲首者陞二級爲從者給賞總兵等官
能使賊船不能登岸者以保障論功若無首級而

止獲賊船者亦以大小論級兵部覆其議俱可行但鄉兵萬衆人給半粮當議所出恐江南粮已繁重未免紛擾事宜寢

上從部議

蘇松巡撫曹邦輔檄僉事董邦政把總婁宇以沙兵擊嵩墅關倭寇殲之初賊自宜興奔蘇州會柘林賊爲風飄旋者三百餘進據陶宅港邦輔慮二賊合且爲大患乃親督副史王崇古會集各部兵扼其東路四面蹙之賊逃至龍橋復至梅灣山我兵隨地與戰頗有斬獲太倉衛指揮張大綱被

殺兵卒傷亡亦衆時邦政守督沙兵守陶宅邦輔
計陶宅賊據險且衆未可進兵乃召邦政守以沙
兵助勦一戰斬首十九級賊始懼奔吴舍欲潜走
太湖我兵兢進追及於楊林橋盡殪其衆此賊自
紹興高埠竄不過六七十人流刼杭嚴徽寧太平
至犯留都經行數千里殺戮及戰傷無慮四五千
人凡殺一御史一縣丞二指揮把總入二縣歷八
十餘日始滅
督察軍務侍郎趙文華大集浙直兵夾攻倭於陶
宅賊分衆迎敵我兵指揮邵昇姚弘直隸領兵千

尸劉勳俱死是時文華以蘇寇之捷已不得與為恨見調兵四集謂陶宅寇乃栢林餘孽可取浙江巡撫胡宗憲因大言寇不足平以慫其意遂悉簡浙兵精銳得四千人文華宗憲親將之營於松江之磚橋因約應天巡撫曹邦輔以直隷兵會勦定期浙兵分三道直兵分四道東西並進賊悉銳衝浙兵諸營皆潰我兵擠沉於水及自蹂踐死者甚衆損失軍士凡一千餘人直兵亦陷賊伏中死者二百餘人由是賊勢益熾

戶科左給事楊允繩言海寇為患已及三載破也

殺官猖獗日甚茲復侵犯南都直薄城下臣觀事勢殊未有底定之期盖其患在於將習不振而獘源不革也夫爲將之道有三曰制曰法曰謀三者缺一不可以戰江南諸將全不知此故其用兵之際絶無紀律不鳴金鼓不别旗幟聚如兒戯渙若摶沙前有伏而不見後有賊而不知漫率兵民浪與賊戰自相蹂踐全軍覆歿昨年山東兵採淘之敗近日浙江土兵之衂是也此其咎端在於無制無法而其不設哨探不知形勢又其取敗之尤者耳盖哨探軍中之耳目也行兵而無哨探豈知他

形譬如人終夜求於幽室之中不照以燭盲人馳逐於崎嶇險阻之地莫爲之相其不顛蹶而騑仆者幾希今日江南之兵何異此乃當事者不此之察動以增兵益餉爲請其意不過張賊聲勢緩已罪愆又欲遷延歲月冀賊自去以圖僥倖殊不知以若所爲雖括天下之財以供江南之役藉天下之民以爲江南之兵亦如以蛾赴火以雪塡井而已竟何益哉况此賊不遭大戮何肯輙去即去又豈得不復來耶凡此皆淞揚抵飾之辭非實心幹濟軌事之至者也臣愚以爲今日江南之事必先

擇將將奇得人則召募之兵可用也以之水戰可也以之陸戰亦可也法制與謀具焉故也如其不然增兵奚益請勅督撫將臣將見在調募官兵及各鄉官兵精選訓練授之以制一之以法多立哨探圖寫地形揣察賊情妙布成算務使以全制勝毋得日事徵兵虛縻糧餉亦毋得掇拾章疏延挨歲月其紀功御史等官亦要隨軍向往稽察情弊如有仍前不設哨探不立營伍隄備踈虞損折兵衆者指實叅奏問罪如律庶幾將習可新寇患可弭矣至於根極弊源則又有不專於外者盖海寇

於邊患不同北邊所患胡也若海寇則十九皆我中華之人倭奴特所勾引驅率者耳夫患在胡則事重於外攘患在中華之人則事重於內修此不易之理也近來督撫之令不能行於官司責之練鄉兵則不集命之圖保甲則不嚴委之以糧餉則不給委之以哨探則不明日愒月玩彼是此非上官隱忍而容養下官驕侈而日大所以然者豈以督撫之官不尊權不重耶亦有由矣盖近年督撫之臣蒞任謝恩必有常例銀兩饋送在京權要大者數百小者數十名曰謝禮至於任內有所題請

開送揭帖則又件以儀物名曰候禮又其歷任煩
深荣名美擢或遇地方有事希求脫任或以有罪
而求彌縫或以失事而求覆蔽如此數遂不貲然
大率此等銀兩在省取諸各布政司直隸取之府
州縣司府州既爲之巧取承迎不無得色督撫諸
司自知非法棲受亦有靦顔既入牢籠寔難展布
使在平時猶不能振揚風紀建立事功而况蒞軍
行法之時哉則其玩愒陵夷蔑法誤事亦奚怪也
且官司所以賂媚督撫又皆取具於民近來督撫
之交代頻煩則官司之需索亦從而加倍其不肖

者又因之影射乾沒其間指一科十椎膚剝髓即令江南四野爲墟赤地千里區區孑遺待盡之民尚猶日苦棓尅侵剥之患臣恐民窮盜起莫知終極異日國家隱憂蓋不止於海島之間已也朝廷設官置吏本以禦寇安民反以殃民致寇此臣所以痛心疾首不能已於言也伏望

皇上洞察弊源在内勑之緝事衙門在外勑之風紀臺察責令伺捕叅劾仍勑閣部大臣令洗心滌慮正己奉公割絶朋昵之私掃除苞苴之習以弘濟時艱共紓民難此則端本澄源平倭之要道也疏

入部覆其詞嚴義正深切時弊宜見之施行報可
允
詔勒南京兵部尚書張時徹侍郎陳洙俱致仕時南
京給事中朱文漢御史俟東萊各以倭犯南京
狀聞參內外守備官撫寧侯朱岳太監郭倣及時
徹等時徹亦例上失事死事諸臣始末詞多隱護
中有信宿之間途爾潛遁城外地方一無所傷等
語於是刑科都給事中丘橓疏參之曰留都根本
重地
宗陵寢在焉以數百餘逋逃之窮寇來自千里之

外時徹等閉門塞竇聽其遊遨闖闠衝突金湯所閱晝夜而後觧去則已不啻久矣而猶曰信宿之間遂爾潛遁耶其來莫禦其去莫追紅衣黃盖鼓譟而行熟路長驅所向無梗又何潛遁之有豈一離都城便可謂之遁而大司馬之職掌僅止於乘城自保已耶江南倭過之處未有不殘破者乃謂負郭居民都無一罹焚戮者哉將官已見殺矣軍士已俱沒矣城外孤懸而援城中悚傷然必何如而始可謂之有傷耶且時徹之不足當此任臣聞之久矣盖其柔懦無所不至仍以剛傲淩人貪鄙

無所不爲復以踈庸廢事雖四方寧謐之日任重
望輕猶爲處非其據矧今江淮多警寇在門庭者
哉
陛下豈以時徹自負才學頗有時名有事之秋未暇
責備聊委而用之冀其有小補耶則時徹之受命
已一年於茲矣一旦寇臨城下而倉皇若此是尚
安足賴乎蓋其才乃小人之才祗足以爲惡而不
足以濟時其學乃盜儒之學祗足以文姦而不足
以經世其名乃廣交要譽之名祗足以張虛聲而
不足以副實用以之膺重寄而握大權徒能養望

塞責而於國家則未有纖毫之益也乞速罷時徹
別推才望顯著者代之疏下吏部議覆請降時徹
俸級令策勵自効
上以本兵任重不允特詔時徹及洙致仕奪岳祿俸
二月貸璥勿問録死事朱襄子襲陞二級
總督侍郎楊宜請調順天保定善射邊箭民兵一
千人赴浙直軍門教練許之
倭舟三艘泊台州海洋之螺門備倭都指揮王沛
等引舟師出哨遇於大陳山嶼擒賊十七人斬首
九級餘賊棄舟登山走匿我兵焚其舟四面環守

叅將盧鏜以大兵會之入山搜勦生擒眞倭鳥魯
美他郎酋首林碧川等八十四人斬首三十八級
由是三舟之倭盡殄
浙江杭嘉湖兵備副使劉燾督兵五千餘分三道
攻陶宅倭巢倭二百餘來逆敵諸軍望見皆散走
燾與家丁陸本高等二十餘人各引滿射之賊不
敢逼燾僅以身免
陶宅倭見我兵四集夜走周浦屯永定寺中我兵
追圍之是時柘林開洋賊舟九隻復回登岸爲巢
於川沙窪

巡撫應天都御史曹邦輔以勦滅蘇州滸墅關倭寇聞且言連年倭患其來必糾連大衆多者數千少者數百其登岸劫掠近則百里遠則不過千里未有以五六十之餘賊深入內地轉戰數千里直瞰都門無所顧忌若此賊者且所過屠戮極其慘烈使不即殄滅得以遯歸彼已習知內地虛實將來醜類爲禍殆未可量所攝僉事董邦政聞命疾趨躬擐行陣横犯鯨鯢之衆不旬日而芟刈之真可謂奇功也請亟加褒録總督浙直侍郎楊宜亦報捷如邦輔言復叅邦政雖有斬馘功然實故遷

制當罪督察侍郎趙文華文言柘林餘賊復巢陶宅臣與浙江巡撫胡宗憲督兵四千來松江會剿而應天巡撫曹邦輔僉事董邦政不協力進兵顧乃避難趨易僥倖功捷乞加懲究疏俱下兵部部覆文華所謂趨易蓋指蘇州之寇而言所謂避難蓋指陶宅之寇而言竊計二寇多寡雖殊比量聲勢不宜分離易論若便合而爲一以流劫者之慓悍濟屯聚者之蕃衆未免益復滋蔓難圖今乃蘇州之寇剿滅無遺陶宅之寇自然勢孤氣沮驅除爲易令第令董邦政戴罪自効務將陶宅之寇亟

行殄絕倭事平之後總較功罪然後賞罰可得施也詔下邦政於總督都御史逮問初文華見蘇寇且滅趨赴蘇欲攘其功比至則邦輔業已先奏捷美文華遂大怒乃以陶宅寇患委罪邦輔邦政叅之後嫉宜排邦亦宜心知邦政功而重失文華意故矛盾若此

應天巡撫曹邦輔親督水陸兵分五哨攻倭於周浦賊迎敵四哨俱奔潰溺水死者數百人獨中哨以邦輔在焉且沮水得不潰

總督浙直侍郎楊宜言柘林一鎮乃倭奴出入之

衝爲諸郡要害地請創立城堡公館調取募兵防守添設把總控制舊有墩臺哨船一併修復事寧宜設一所摘撥官軍塡補兵部議覆從之

巡撫直隸御史周如斗言方今蘇州流突之寇已殄屯聚之寇其勢已孤諸軍宜乘勝併力殲此餘燼不宜遷延養寇使巢成穀登新倭代至復致曩者柘林之患且近日直隸斬獲悉本地土兵之功其狼苗二兵自浙江衂敗後一無足用苗兵前猶有王江涇婁門之捷若狼兵近則徒擾地方無纖毫戰守力至於川兵雖未可見用與否第萬里趨

調東西異宜恐亦未足恃也令起用原任總兵何卿沈希儀以其知兵令督率川廣調至之卒展力取效顧皆昏耗衰懦一籌莫措近日功捷二人者絶無所與將焉用之請罷遣二臣並停徵兵之令申飭督勵鄉勇亟除殘寇

上曰地方殘寇未靖令督府等官速計勦滅卿及希儀令革職回衛閑住

浙江紹興府知府劉錫被逮至京錫性亢傲不達爲趙文華所憎會倭自高埠逃蟶浦鄉官御史錢鯨遭之見殺文華遂用爲錫罪言其娟功縱寇及

是逮至竟發邊遠充軍、

殺原任直隸浙福總督右都御史張經巡撫浙江都御史李天寵兵部員外郎楊繼盛於市經在江南有功爲趙文華所誣排天寵亦無罪胡宗憲方排之而奪其位繼盛因劾嚴嵩父子法司承風傳致死罪是歲論大辟囚當刑者凡有百餘人詔決九人而經等悉與焉由是天下惡嚴嵩父子及文華益甚

以兵荒免華亭上海江陰常熟四縣存留稅粮仍於起運數內量行改折

倭賊二百人自浙江樂清縣岐頭登岸流刼黃巖僊居二縣所過焚戮官兵莫能禦至楓樹嶺慈谿縣領兵主簿畢清見殺遂至餘姚由上虞渡曹娥江犯會稽

倭二百餘人犯福建莆田縣鎮海鎮東等衛千戶戴洪高懷德張鑾俱戰死

兵科給事中夏栻言浙直官兵會勦陶宅連冦屢遭陷敗諸臣奏報不實且趙文華欺誕大負簡命會巡按浙江御史趙孔昭亦以敗聞

上令申飭文華矢心秉公視師圖效文華亦奏頃會

勦陶宅殘寇浙直兩鎮兵多怯弱巡撫都御史曹邦輔外昧緩急內無紀律期夾攻不應弛信地不防宜行罷黜及將總督楊宜飭令認罪以圖後功

上令邦輔策勵供職與楊宜協心平賊毋誤事機巡按直隸御史周如斗亦言陶宅及川沙窪倭寇亟宜勦滅緩則合而爲一益復滋漫因劾蘇松參將喬基把總金澣宜罷黜而薦都指揮婁宇可代基指揮僉事陳習可代澣

上詔褫基及澣職於軍門立功而以宇習代之申飭督撫等官勦寇毋怠已曹邦輔言川沙窪之賊集

至四十餘艘而繼至者未已副總兵俞大猷把總劉堂乃擁兵觀望縱賊合䑸請究治其罪

上詔大猷縱寇所宜逮治姑革其祖職揭黄令軍門責取死罪招殺賊立功別舉代者堂革職充爲事官管事

有倭二千餘人自海洋駕舟四十餘艘先後入沙漄與舊賊合勢登岸沿浦東一帶焚刼四團八竈等處

兵科給事中夏栻言方今備倭曰徵調客兵團結鄉兵二者而已頃議者患客兵驕悍罷遣之而冦

在門庭鄉兵未即可用臣謂宜練土著爲經久之計暫借客兵爲摧陷之資今狼土潘松之兵勢難遠制可無再調莫若選調保定山東漳泉等兵統之良將以備戰守會總督楊宜亦言土兵未可遽恃請募浙直義勇山東箭手及浙直福建湖廣衛所漕運官軍廣東戰艦兵勇赴軍門聽用疏俱下兵部議福建江北湖廣遠者不可調其永保宣慰土兵用之已效者仍聽徵發餘如所請從之

倭賊八十餘人駕舟泊海鹽縣之秦駐山登岸刼掠提督都御史胡宗憲遣指揮徐行健率兵禦之

賊走入民家拒守官軍縱火焚之賊悉殄
吏科給事中孫濬言今見督察侍郎趙文華請罷
應天巡撫曹邦輔參稱約夾攻而後期及考疏內
所列邦輔督撫總兵俞大猷進勦在九月十一日
浙兵次日方進則後期之罪不在直隸矧今蘇松
士民謂邦輔實心任事稱不容口其前流劫留都
之倭又爲邦輔所滅功能了然遽請斥罷文華之
意殆不可曉時東南用兵寇勢方熾臣誠恐有妨
大計竊謂事權歸一則責專成而無彼此牽制之
患昔漢祖任韓信專閫外雖智如張良不使干與

所以能成大功者今江南之事督察司檢稽而戰守大機當决之總督廵撫兼提督而行經專職當責之總兵督撫統大綱而城池倉庫奉行策應當付之有司不然權分勢斬人皆掣肘無以自盡其長乞勑該部申明事權督率不嚴方略不慎罪坐總督餞粮不敷調遣無法罪坐廵撫軍令委靡戰陣退縮罪坐總兵策應不前四境残破罪坐郡縣檢察無實功罪不明或昧機專斷强必從已以致撓敗罪坐督察

上從其言

倭賊五十餘人犯浙江平陽縣由太奧登岸殺協守指揮祈嵩平陽所百戶劉愍又倭八十餘人犯舟山進屯謝浦參將盧鏜遣兵禦之不克指揮閔溶死之

倭寇犯福建興化府涵頭鋪等處平海衛正千戶丘珍副千戶楊一茂與戰死之已復犯福清海口錢州衛指揮僉事董乾振直奔其壘斬十餘賊亦被害事聞詔各立祠其地有司春秋祭享襲陞其子二級

詔賜保靖宣慰彭藎臣永順宣慰彭翼南三品服色

調令統兵勦賊

南京兵部尚書張鏊所議留都四事一南京城廣而門多不無兵少力寡宜暫塞鍾阜清江二門以便闌防一附近之水軍既屬操江屯軍隨屯耕戰安慶當長江上流鎮江逼蘇松倭患俱難再調惟滁州宣州建陽安慶四衛之軍宜屬溧陽兵備整飭俟警徵發

鏊又會同南京府科道等官議上留都安攘實政五事一委任南京坐營舊用都指揮等官事權未重請視京營例設都督一員提督叅將二員協理

界以符勑旗牌凡坐營官軍悉從督練有警則同内外守備調發一教練兵法必奇正相資每兵三十當以二爲正一爲奇於江之南北衛所指揮等官選其智勇者署爲隊總把總即令各官擇其正軍餘丁精銳者充爲奇兵逓相教練以督叅等官總其事内外守備試其成其在外府衛官吏民丁有智勇出衆願入營伍者聽一戰守南京外城低薄徒守爲難須以耀武立威示人難犯宜移文督撫先幾哨探如警入百里即會督叅等官勒兵迎遏無警亦宜按行近郊相險設伏振迅兵威一照

屬京師之於輔郡猶堂奥之於藩籬在外則視撫臣在内則視兵部自今凡遇警報巡撫在京兵部即會同計議行事如巡撫在外則近境兵備參將等官及府州縣一切機宜悉聽本兵調度一衣糧營兵舊以徵發乃給鎧仗出百里乃給行糧則器不相習師不宿飽今宜預給盔甲以便演習別置輕利盔甲以付奇兵一有戰守事宜即量給糧餉疏下兵部覆京師旗牌例不預給其提督營務近設二都督矣宜申飭分任厥事參將不必設餘如所請詔從之

周浦寺倭以官兵圍攻日急於初二日夜悉衆東北奔統領川兵遊擊曹克新邀擊之斬首一百三十級餘賊遂入沙涇與巢賊合四川山東諸兵日夕伺擊之賊乃焚巢載舟出海副總兵俞大猷兵備王崇古合兵入洋追之及于老鸛嘴斬首一百七十餘級生擒四十七人衝燬賊巨舟八艘賊奔上海浦東

提督浙福都御史胡宗憲以倭犯温州府之平陽遣守備劉隆率兵禦之遇賊於三港敗績隆及千戶劉綱百戶張綱張瀣俱死

川兵遊擊曹克新擊倭于嘉定之高橋斬首二十八級鏖戰自辰及未酉陽兵先潰諸軍遂敗越二日克新復督蜀中二漢兵分三哨進勦左哨天全土兵及筠里弩手奮銃衝賊迎斬七十餘級右哨酉陽邑梅等兵復潰我軍遂亂爲賊所乘殺大渡河千戸李燦成都衛百戸鄭彦昇川兵傷亡及溺死十四諸軍奪氣是時調至客兵太多督撫卒無長略不能以恩威駕馭諸兵遂恣意暴肆不服約束川兵初與山東兵閧叅將尚允紹幾被殺至於出戰皆自爲進退酉陽兵既敗即大譟奪舟逕歸

至蘇州趙文華犒慰諭留之不敢詰也
光祿寺卿章煥上疏陳禦倭之策言倭患之熾其
原不在于外中原之雄傑爲之謀主也土著之奸
人爲之嚮導也窮民爲之役使也有是三者然後
能深入長驅唯所適而莫之過今軍興且四年矣
庶務草創法守未明議論叢生事端棼亂臣謹條
其未安者八事古者兵將相習教戒素明乃可赴
敵今軍門督撫分閫列旄下至文武庶僚紛然衆
建然皆空名有將無兵也將佐雜居諸軍烏合加
以南方素不知兵軍政久弛其視諸將弁髦也諸

將之視郡縣傳舍也兵將之視途人也如責其赴戰兒戲也此統兵之制未定者一也夫將無號令與無將同兵無約束與無兵同故平時之節制即臨陣之紀律也今諸軍日不覩軍容耳不聞將令有急驅之不能卒集朝而遣日不至臨陣而逃轉相刼掠或殺平民報功甚者爲賊內應陵夷既久漸成亂階因循則威嚴愈褻矯正則他釁易生此馭兵之制未定者二也調至土兵賊頗畏忌然亦獷悍難馴夫以苗攻倭猶以毒攻毒是在上醫國手劑量斟酌對証而攻病去即已今既乏之鼓舞之

方復爲調停之法事急則倍賞以招侮勢緩則厭棄而生怨此調兵之制未定者三也分道募兵不按名籍游手無賴草竊亡命悉入彀中及至而茫無統紀聚散無稽多寡不同故募而來來而去去而無兵則又復募軍資罄竭道路驛騷終無實用此募兵之制未定者四也當始發難時臣嘗有言急集海上之沙民可無煩客兵衆論相持事機頓挫今壯士死于行陣頑民逸而從賊民氣破傷摧慘已極乃始欲用鄉兵散客兵此所謂倒行者也假令客兵已遣賊衆乘城鄉兵果可恃乎鄉兵難

特未免復徵客兵不惟緩不及事且恐重爲客兵所侮此練兵之制未定者五也夫兵有营伍則耳目心志定而約束易行今雜處市廛嬉遊里巷百貨之所歆豔後俗之所浸淫遂令山東權耗變爲紈袴狠菌鄙野咸習歌舞精銳銷奐軍氣不揚淫蠱流行死亡枕藉此屯兵之制未定者六也古者行軍動衆必從枕席上過師故進能克敵退可保軍令南方皆沮洳之澤萑葦之場狹邪之徑至於斷港危橋單舸片桨或褰裳而渡或泅水而遊動犯兵家之忌而諸將乃不謹哨探不量虚實行無

斥堠止無堅壁往往履危機墜狡計落坑阱而不悟此行兵之制未定者七也師行糧從強者主戰弱者主爨此軍制也今或臨陣而未食或食至而不均或師行境外而食具城中設欲晨炊蓐食捲甲疾趨何以應之軍機盡泄忿忿不平此養兵之制未定者八也夫軍中之事有不可定者機宜變化因乎敵者也不可易者規畫措置存乎我者也故將有專閫兵有常伍無事相隨則兵可統也秩其教令齊其法制範我馳驅是謂三軍之銜轡則兵可馭也踐更以示其信處置以服其心以諸邊

節制之兵爲之準調到狼土之兵爲之輔則兵可得而用也所募之兵程其技力而籍其家室守法者厚恤其私犯令而逃者有孥戮之禁至於鰥曠遊民給其田廬與之配偶則可以繫其歸念而兵可募也以客兵爲權宜以鄉兵爲實用日省月試常如賊至勞來不怠甘苦必均則市人可爲精兵鋤耰可梃利刃故兵可練也有營居故兵可聚而不可散有行列故兵可散而不可亂賊所往來兵所出入有斥堠故兵可進也有壁壘故兵可退也有戰地有候人有諜者故兵可奇可正可疑可伏

也給軍有制犒士有資帛死扶傷恤孤問寡有典
典議故兵可飽可饑可生可死也信能行此八者
而廟算之勝我得之矣夫禦倭之道來則拒之去
則備之言戰不及守非良策也何者東南無重關
阻隔無高山瞭望波濤滉瀁隱見難窺風帆迅疾
頃刻可至不能預守是海壖之險賊與我共之者
也臣料賊遠來人持數日之糧未達岸多苦饑者
賊之死命制于數步之内矣徒以海濱廩藏露積
故賊至而掩據之因以爲食既飽則所向無前乘
我不備如使蓄積收斂野無所掠此賊坐困之道

也故議守者莫要于城堡相望遠近相依賊少則不能攻城多則所掠不足供所食賊不能持久破之必矣夫賊不能宿飽則不能深入不能深入則不能多獲不能多獲則來者無利而聞風者不來內地可不煩兵而守矣且瀕海皆膏腴美田廣宅樹蓄南方所謂樂土也爲賊蹂踐民皆遠徙然其東向思歸之心豈能日夜忘哉有城堡則良民歸田野闢盍非獨禦夷亦安邊足賦之具也且南方諸縣地方七八百里賊至放兵肆刼一令終不足以制之疆里浩壤禁防疎濶外爲寇巢穴內爲逋

逃淵藪凡以壤地相隔聲勢不實之故也誠增置縣邑多設長吏使分地而守分民而治除器練戎積餉繕堡無事則休養生息安堵而居有事則高城深池與民共守足以拒賊衝輯衆志此寓將于令寓兵于農之術也疏下兵部議謂增邑設官事涉紛擾其所云築城繕堡及所未安八事實切時務請下督撫諸臣議處從之

倭自樂清流犯上虞會稽者爲官兵所追奔走於東關丁村處遂走登龕山典史吳成器等督衆勦滅之前後共斬首一百二十餘級

督察浙直軍務侍郎趙文華陳區畫海防三事大要言松江宜守浙江宜攻福建宜撫而所謂守與攻者在藉閒田給兵屯種以扼寇所謂撫者請增設經略總督專官兵部覆言戰守撫相須爲用均不可廢三者皆然其言鄉官領兵恐督察不便給兵田百萬畝未審何所從出恐滋紛擾閭中更置專官亦非其時俱礙施行報罷

兵部覆巡按直隸御史張雲路徐敦應天巡撫曹邦輔提督操江史褒善勘明倭寇自浙江流刼徽寧太平直犯南京轉掠至蘇州勦滅經過地方諸

臣功罪失事如新安指揮焦同等四十六人各有
統兵巡捕之責不能防禦應究治知府寧國朱大
器徽州朱有孚太平任有齡應量治旌德知縣岑
恕南陵縣丞郭惟翰太平知事郭樺地方創甚應
重究蕪湖知縣潘銓寧國通判周尚忠應天推官
羅節卿涇縣知縣丘時庸提兵損失應併究治有
功如常鎮兵備王崇古蘇州知府林懋舉同知李
敏德熊桴通判余玄吳縣知縣康世耀江陰主薄
曹廷慧鄉官原任吏部主事史際宜論録婺源典
史孫邦顯等之擒斬徽州把持朱頂鶴之死事宜

犒恤至于蕪湖縣丞陳一道力戰剿賊其義男陳子義嬰刄扞父各宜贈一内外職銜冠带其子其應天府尹汪宗元宜其罰得旨焦同等巡按御史提問朱大器等各奪五月俸岑恕等革任間住潘銓降二級管事如胡周尚忠等赴部改用王崇古林懋舉史際各賞銀二十両紵絲二表裏李敏德等各銀十両孫邦顯等朱頂鶴等巡撫衙門分別犒䘏陳一道贈應天府通判仍廕其子為國子生陳子義贈府經歷汪宗元姑奪俸二月初是賊自南京轉趨蘇州地方僉事董邦政方督所募沙兵

防守陶宅巡撫曹邦輔乃檄邦政與把總婁宇引兵邀勦之當時二寇不得合而此殘黨竟滅于蘇者本邦輔用此二人力也至是各臣奏勘功罪甚明以侍郎趙文華惡此二人賞竟弗及

南京戶科給事中朱文漢以罷遣客兵及用誠意伯劉世延代臨淮侯李庭竹操江爲非計乃上疏言周浦川沙窪倭賊新舊合夥而民兵柔脆不足以當黠寇宜仍調客兵勦捕操江重任宜留庭竹供職世延稚弱不堪重寄

上詰責兵部奪郎中宋國華俸一月

督察浙直軍務侍郎趙文華疏乞還京許之文華初奉命至浙適廣西田州等狼兵調至其土兵婦瓦氏等知倭有厚蓄銳意請戰文華惑之亟趣總督張經進兵不待則上書痛詆之及湖兵至經進戰王江涇大捷竟以文華前譏被逮代之者爲周琉楊宜皆庸駑無遠略由是各兵漫渙賊勢益熾文華激奬瓦氏急戰亡其卒十七八無尺寸功文乃大慍及蘇州殄滅流倭文華欲攘功後期討陶宅遺颺餘倭可取以自飾乃大集浙直水陸兵四面攻之大敗兵將傷亡甚衆復聚浙直兵再進戰

皆不克副使劉燾巡撫曹邦輔僅以身免文華始知賊未圖即有歸志及十一月川兵破周浦賊俞大猷復有海洋之捷文華遽言水陸成功江南清晏臣遠闕日久請歸供本職是時海洋回倭泊浦東川沙舊巢及嘉定高橋皆有倭據而新倭來者日衆浙東西破軍殺將羽書沓至文華乃以寇息聞其欺誕若此

巡按直隸御史吳伯朋劾上本年四月以後淮楊等處禦倭功罪詔陞原任巡撫右侍郎鄭曉二品服俸賜銀三十兩紵絲二表裏陞海防叅政張景

賢秩一級賞銀二十兩紵絲一表裏叅將張恒喬
基各銀二十兩兵備副使劉天授淮安知府蔡傷
金楊州知府吳桂芳各俸一級淮安府同知劉一
中通州同知知宋及典史余廷舜監塲副史李政
百戸栢永福鎮撫呂圻各陞秩一級授義勇官王
大文所鎮撫宥原謫戍百戸吳郁仍陞秩一級其
失事千戸秦鵬等四人及巡檢耿光庭等三人下
按臣逮問降指揮等官戈陽等十四人各一級贈
陣亡巡檢尹奈爲光禄寺署丞給一子冠帶
四川酉陽兵應調赴浙直軍門道出九江行刼殺

人江西護送川兵鎮撫田禮阻之被殺事聞兵科
給事中徐師曾請下軍門廌治其首惡因叅四川
監軍僉事焦希程統兵遊擊曹克新兵部議覆詔
奪希程克新俸三月餘如師曾議

附全四册目録